北京金融职业教育与金融业发展适应性研究

武飞 等◎著

CCTP 中国商务出版社
CHINA COMMERCE AND TRADE PRESS

图书在版编目（CIP）数据

北京金融职业教育与金融业发展适应性研究 / 武飞等著 . — 北京：中国商务出版社，2022.3

ISBN 978-7-5103-3898-4

Ⅰ . ①北… Ⅱ . ①武… Ⅲ . ①金融业—经济发展—研究—北京②高等职业教育—金融学—专业教育—研究—北京 Ⅳ . ① F832.71 ② F830-4

中国版本图书馆 CIP 数据核字 (2021) 第 254914 号

北京金融职业教育与金融业发展适应性研究

BEIJING JINRONG ZHIYE JIAOYU YU JINRONGYE FAZHAN SHIYINGXING YANJIU

武飞 等◎著

出　　版：中国商务出版社		
地　　址：北京市东城区安外东后巷 28 号	邮　　编：100710	
责任部门：商务事业部（010-64269744　bjys@cctpress.com）		
责任编辑：张高平		
直销客服：010-64266119		
总 发 行：中国商务出版社发行部（010-64208388　64515150 ）		
网购零售：中国商务出版社淘宝店（010-64286917）		
网　　址：http://www.cctpress.com		
网　　店：https://shop162373850.taobao.com		
排　　版：廊坊市展博印刷设计有限公司		
印　　刷：北京建宏印刷有限公司		
开　　本：700 毫米 ×1000 毫米　1/16		
印　　张：13.75	字　　数：188 千字	
版　　次：2022 年 3 月第 1 版	印　　次：2022 年 3 月第 1 次印刷	
书　　号：ISBN 978-7-5103-3898-4		
定　　价：68.00 元		

凡所购本版图书如有印装质量问题，请与本社印制部联系（电话：010-64248236）

前言

    为贯彻中共北京市委教育工作委员会、北京市教育委员会印发的《"十三五"时期北京市属高校高水平教师队伍建设支持计划》（京教工〔2017〕18号），北京市教育委员会发布了《关于做好2019年度北京市属高校高水平教师队伍建设支持计划推选工作的通知》，正式启动了2019年度北京市属高校高水平教师队伍建设支持计划。经过个人申报、校内评议、专家答辩等环节，我有幸入选"北京市属高校高水平教师队伍建设支持计划——长城学者培养计划"。在这个建设支持计划中，我申报的"新时代金融职业教育发展路径研究"项目获得了资助。由此，我开始了对北京金融高等职业教育发展路径的思考和研究。

    2017年，习近平总书记在党的十九大上庄严宣告了新时代的到来。这个新时代是改革开放以来我国社会主要矛盾发生重大变化的时代，是我国经济社会发生深刻剧变的时代，是开启两个"百年"奋斗目标的时代。作为新时代的人民教师，我和我的同仁有责任深入学习贯彻习近平总书记关于职业教育工作的重要指示和全国职业教育大会精神，立足北京经济社会发展实际，围绕"四个中心"建设，紧抓国家加快发展职业教育的大好机遇，适应北京经济社会发展、产业结构升级和技术变革需要，努力设计一张北京金融高等职业教育的发展蓝图，提升金融职业教育的吸引力和贡献度。

    正是从这个初心出发，我组建了由北京从事金融职业教育教学科研工作的一线教师所组成的研究团队，深入调研了北京金融行业企业的经营管理实际情况和北京开设有金融类专业的高职院校，充分了解了北京金融行业企业对高素质（高层次）技术技能人才的具体需求，深入分析了北京金融高等职业教育的人才培养供给情况，在充分吸取"十三五"经验教训、面向"十四五"

发展趋势的基础上，为北京金融高等职业教育的发展提出了浅显的理性认识和粗略的设计思路，力图能助力北京金融高等职业教育早日实现高质量发展。

基于上述目的，本课题的研究内容从内在逻辑上主要分为上、中、下三篇。上篇（第一至三章）是北京金融业发展的现实图景与未来趋势，主要是对北京金融业发展的现状分析及趋势预测，具体包括北京金融行业在"十三五"期间的发展状况分析、在"十四五"期间的发展趋势预测和人才需求趋势预测。中篇（第四至五章）是北京金融职业教育发展的现实图景与未来趋势，主要是对北京金融高等职业教育发展的现状分析及趋势预测，具体包括北京金融高等职业教育在"十三五"期间的发展状况分析和"十四五"期间的发展趋势预测。下篇（第六至八章）是北京金融职业教育的未来设想，具体包括职业教育适应性分析、北京金融高等职业教育人才供给与金融业人才需要的动态适应以及北京金融高等职业教育发展路径探析。具体每一章的内容如下：

第一章：首先从北京金融业的国际影响力、国内影响力、地区生产总值所占比重、增长速度、对经济增长的贡献率、税收贡献占比、市场规模、安全程度、金融科技发展态势和发展短板等十个方面进行了整体发展态势分析；其次，从北京银行业、证券业、保险业、信托业、网络贷款业等几个细分行业进行了具体发展状况分析；最后，对北京金融科技发展创新与应用领域也进行了深入分析，梳理了多个典型创新应用案例。

第二章：首先，从货币市场服务业、资本市场服务业、保险业、其他金融业等维度进行了基本发展趋势预测；其次，从北京银行业、证券业、保险业、信托业、金融科技发展等细分行业角度也进行了一定程度上的趋势预测。

第三章：主要从金融科技应用人才需求、新型客户服务人才需求、金融产品创新人才需求等方面进行了理性展望和大胆预测。

第四章：重点从专业布局、专业建设、人才培养、社会服务等方面对进行了深入分析，直面存在的问题，正视面临的挑战。

第五章：主要从专业布局、专业建设、社会服务等方面进行了科学预判。

第六章：主要从职业教育适应性的基本概念出发，重点对基于适应性要求的高职院校特征进行了具体描述，为北京金融高等职业教育主动适应北京金融业发展指明了努力方向。

第七章：从目标、标准、规格等角度进行适应性分析，梳理了人才市场上的供需双方在培养目标、培养标准、培养规格等方面的具体适应举措，为北京金融高等职业教育"十四五"期间的发展路径找到了突破口和制高点。

第八章：坚持守正创新的原则，重点从院校错位发展、专业轻型升级、课程深化建设、实践教学基地建设、"双师"队伍强化建设、产学研用结合、激活学分银行、国际合作共享等方面进行了顶层设计，尝试为北京金融高等职业教育实现高质量发展提出指引，让更多的北京金融高等职业教育利益相关者能各尽所能，借助产教融合校企合作的平台全方位地参与到北京金融高等职业教育中来。

另外，本书提供了两个附录：附录 A 是本人在牵头负责教育部金融科技应用（职教本科）专业简介研制过程中，率领全国的研制专家组共同完成的专业调研报告，要供全国的金融高等职业教育同仁参考使用。附录 B 是本人在牵头完成本课题研究的过程中，向北京高职院校金融专业负责人发放的调查问卷。在此，将这两份资料作为本书的内容之一，以供北京的金融高等职业教育同仁参考使用。

本书的研究团队主要由来自于北京财贸职业学院、北京电子科技职业学院和北京经济管理职业学院中多年从事金融职业教育的专业教师们组成。历经两年时间，本书经过了反复的研究探索、思维碰撞和观点交锋，凝聚了团队成员多年来在人才培养、专业建设、社会服务、国际合作等方面的丰富经验和深刻教训，体现了他们对于北京金融高等职业教育发展的深厚感情和理性思考。研究团队的具体工作分工如下：本人负责制定大纲、统筹定稿并撰写第一章第一节、第二章第一节、第三章、第五章、第七章和第八章；杨萌萌老师、张春辉副教授、魏曼副教授、王卫华副教授、邱卓贤老师和王新玉副教授负责撰写第一章第二节、第二章第二节；吕勇副教授负责撰写第四章；于继超副教授负责撰写第六章。

笔者在研究过程中得到了中国银行、华夏银行、北京银行、银河证券、北京保险行业协会、北京保险学会、中国人寿北京分公司、泰康人寿北京分公司等金融行业企业的大力支持，得到了北京电子科技职业学院、北京财贸职业学院、北京经济管理职业学院、北京农业职业学院、北京青年政治学院、北京信息职业技术学院、首都经济贸易大学密云分校、北京培黎职业学院、北京经济职业技术学院、北京经贸职业学院等高职院校的大力支持。此外，笔者在研究过程中得到了北京保险行业协会的陆秀萍秘书长和北京保险学会秘书长助理兼学会工作部张宏主任的鼎力支持，得到了北京财贸职业学院杨宜校长、李宇红副校长的悉心关照，得到了学院人事处、财务处的袁蕊处长、马训清副处长和张佳、武岳、王娜的大力支持，得到了北京市教育委员会人事处纪奇明副处长和一级调研员高新民老师的关心和帮助，以及科技处（产学研办公室）同仁们的大力支持！在大家长期的关心、鼓励和支持下，本课题的研究任务才最终得以完成。在此，一并感谢所有关心、支持、帮助过本人和研究团队的领导、同仁和朋友们！

最后，要特别感谢我的夫人，在我利用周末和节假日开展研究的过程中，她分担了所有的家务，为我创造了温馨美好的工作环境，让我得以安心地查阅资料、研读文献、撰写书稿。正是她的无私奉献使得我有足够的时间来完成课题研究任务。

武飞

2022 年 3 月

于北京城市副中心

｜目录

上篇

北京金融业发展：现实图景与未来趋势

第一章　北京金融业"十三五"期间的发展状况分析

第一节　北京金融业"十三五"期间的整体发展态势

一、北京金融业的国际影响力不断提升

作为一个大国首都，作为金融管理中心，北京的金融业发展在世界范围内具有重要的意义，在全国范围内也具有重要的标示性作用。

在世界范围内，作为衡量全球城市金融发展水平的重要指标，全球金融中心城市指数（GFCI）每年都在跟踪北京的金融业发展情况。"十三五"期间，北京的GFCI排名持续上升（见表1-1），呈现一个良好的趋势，由此可以判断，北京金融业的国际影响力不断提升。

表 1-1　全球金融中心城市指数（GFCI）排名

城市		北京	上海	深圳	香港	伦敦	纽约	新加坡
2016年	19期	23	16	19	4	1	2	3
	20期	26	16	22	4	1	2	3
2017年	21期	16	13	22	4	1	2	3
	22期	10	6	20	3	1	2	4

城市		北京	上海	深圳	香港	伦敦	纽约	新加坡
2018年	23期	11	6	18	3	1	2	4
	24期	8	5	12	3	2	1	4
2019年	25期	9	5	14	3	2	1	4
	26期	7	5	9	3	2	1	4
2020年	27期	7	4	11	6	2	1	5
	28期	7	3	9	5	2	1	6

资料来源：《全球金融中心城市指数报告》（http://www.cfci.org.cn）。

全球金融中心城市指数是一项为全球主要金融中心进行分类、评分和排名的评价体系。该指数的基础资料来源于两组相互独立的体系：一是通过采集第三方指标和数据形成的特征性指标，二是通过向专业金融人士发放调查问卷形成的结果。影响全球金融中心竞争力的特征指标主要包括：营商环境、金融业水平、基础设施、人力资本、声誉及综合因素。

为了更好地改善我国的营商环境，2018年以来，国务院成立了推进政府职能转变和"放管服"改革协调小组，并下设优化营商环境专题组，先后出台了《关于部分地方优化营商环境典型做法的通报》《关于聚焦企业关切进一步推动优化营商环境政策落实的通知》等一系列文件，对优化营商环境做出了具体部署。在此基础上，国务院办公厅又发布了《关于进一步优化营商环境更好服务市场主体的实施意见》（国办发〔2020〕24号），为我国优化营商环境进一步夯实了制度基础。根据世界银行近期发布的《营商环境报告》，我国的全球营商便利度在世界范围内的排名不断上升（见表1-2）。

表1-2 全球主要国家/地区营商环境排名

国家/地区	新西兰	新加坡	丹麦	中国香港	韩国	格鲁吉亚	挪威	美国	英国	马其顿	瑞典	芬兰	中国
2016年	2	1	3	5	4	—	9	7	6	—	8	10	84
2017年	1	2	3	4	5	—	6	8	7	10	9	—	78

续表

国家／地区	新西兰	新加坡	丹麦	中国香港	韩国	格鲁吉亚	挪威	美国	英国	马其顿	瑞典	芬兰	中国
2018年	1	2	3	5	4	9	8	6	7		10	—	78
2019年	1	2	3	4	5	6	7	8	9	10	—	—	46
2020年	1	2	4	3	5	7	9	6	8	—	10	—	31

资料来源：《世界银行营商环境报告》(https://www.doingbusiness.org/en/doingbusiness)。

注："—"表示当年度未入选。

与全国整体发展趋势同步，北京的营商环境近年来也不断向好，特别是作为国家服务业扩大开放综合示范区和自由贸易试验区，北京营商环境的改善日新月异，营商环境指数不断提高。更为可喜的是，2020年3月27日下午，北京市十五届人大常委会第二十次会议表决通过《北京优化营商环境条例》(以下简称《条例》)，《条例》于2020年4月28日起施行。在随后进行的新闻发布会上，北京市人大常委会法制办、财经办、发展改革委员会、司法局的相关负责人进一步介绍了相关法规修改的背景及重点内容。在《条例》中，针对市场主体关切的权益保护不够平衡、投资贸易不够便利、政务服务不够充分、监管执法不够统一等方面的短板弱项，分别制定了针对性条款。这部《条例》将会为北京的营商环境改善奠定扎实的法制基础。"十三五"期间，北京的营商环境在全国主要城市中始终处于领先地位。但是，按照国家发展改革委发布的2020年全国营商环境评价结果来看（见表1-3），北京的领先优势在2020年受到了挑战。

表1-3 全国主要城市营商环境排名

城市	上海	北京	深圳	广州	南京	重庆	武汉	杭州	苏州	厦门	济南	宁波	青岛	天津	成都	西安
2016年	—	—	—	—	—	—	—	—	—	—	—	—	—	—	—	—
2017年	4	2	3	1	6	5	10	7				8	9			
2018年	2	1	3	4	9	5	—	8	—	—	—	—	—	7	6	10

续表

城市	上海	北京	深圳	广州	南京	重庆	武汉	杭州	苏州	厦门	济南	宁波	青岛	天津	成都	西安
2019年	1	2	3	4	5	—	6	7	—	—	—	—	—	8	9	10
2020年	1	4	2	3	8	—	—	5	6	7	9	—	—	—	10	—

资料来源：《中国城市营商环境报告》。

注："—"表示当年度未入选。

二、北京金融业的国内影响力更加凸显

作为衡量全国范围内各城市金融发展水平的重要指标，中国金融中心指数（CDI CFCI）也一直在跟踪北京的金融业发展情况。"十三五"期间，北京的该指数排名同样持续上升（见表1-4），呈现了一个良好的趋势，由此可以判断，北京金融业的国内影响力更加凸显。

表1-4 中国金融中心指数（CDI CFCI）排名

城市		上海	北京	深圳	广州	成都	杭州	天津	重庆	南京	苏州
2016年	8期	1	2	3	4	5	6	7	8	9	10
2017年	9期	1	2	3	4	6	7	5	8	9	10
2018年	10期	1	2	3	4	6	5	7	9	8	11
2019年	11期	1	2	3	4	5	6	7	8	9	13
2020年	12期	1	2	3	4	6	5	7	8	9	13

资料来源：《中国金融中心城市指数报告》（http://www.cfci.org.cn）。

中国金融中心指数是衡量我国金融中心竞争力的多因素综合评价体系，具体包括综合竞争力评价这一个综合指标以及金融产业绩效、金融机构实力、金融市场规模和金融生态环境四个分项指标。这个指标体系构建的理论基础是"钱才集聚论"[①]，围绕着资本和人才的结合来评价各金融中心的竞争力，这个理论比较符合金融业集聚的一般规律。

---

① 中国（深圳）综合开发研究院课题组.中国金融中心指数报告（第八期）[M].北京：中国经济出版社，2016.

三、北京金融业在地区生产总值中所占的比重稳中有升

按照地区生产总值对北京金融业进行观测，我们会发现，在北京的行业分类统计中，金融业始终占据了极其重要的位置，已经成为北京的支柱性产业，且呈现了比重不断提高的趋势（见表1-5）。

表1-5 北京主要行业地区生产总值比重

单位：%

行业	农、林、牧、渔业	工业	建筑业	批发、零售业	住宿和餐饮业	信息传输、软件和信息技术服务业	金融业	房地产业	租赁和商务服务业
2016年	0.5	15.6	4.1	9.4	1.7	10.8	17.1	6.7	7.4
2017年	0.4	15.3	4.1	8.9	1.5	11.3	16.6	6.3	7.0
2018年	0.4	14.7	4.2	8.4	1.5	12.7	16.8	5.8	6.7
2019年	0.3	12.0	4.3	8.1	1.5	—	18.5	7.4	—
2020年	0.3	11.7	4.3	7.6	1.1	15.3	19.8	7.3	6.1

资料来源：《北京市国民经济和社会发展统计公报》（2016—2020年）。

四、北京金融业增长速度有所放缓

北京的金融业在不断扩大自身在地区生产总值中的比重的同时，其增速也在主要行业中处于领先地位。当然，在新冠肺炎疫情的冲击之下，金融业的增速也有所放缓，甚至出现了陡然下降的情况（见表1-6）。

表1-6 北京主要行业地区生产总值增速

单位：%

行业	农、林、牧、渔业	工业	建筑业	批发、零售业	住宿和餐饮业	信息传输、软件和信息技术服务业	金融业	房地产业	租赁和商务服务业
2016年	-8.7	5	7.7	2	0.9	11.3	9.3	5.5	1.6
2017年	-6.1	5.4	1.6	6.7	2.3	12.6	7.0	-1.6	3.2
2018年	-2.3	4.5	3.3	0.6	1.6	19.0	7.2	-0.4	1.9
2019年	-2.5	3.0	8.0	1.6	0.3	—	9.5	6.9	—
2020年	-7.8	1.4	4.4	-2.4	-26.6	14.4	5.4	0.1	-14.5

资料来源：《北京市国民经济和社会发展统计公报》（2016—2020年）。

五、北京金融业对经济增长的贡献率波动较大

虽然北京金融业在地区生产总值中所占的比重不断扩大，但由于总量的不断提高，其增速已经有所放缓，且其对经济增长的贡献率呈现出较大的波动状态。特别是2020年，在新冠肺炎疫情的冲击下，许多产业的产值出现了大幅下降，但由于金融业快速适应变化，加上近几年的科技积累，在推进非接触式服务过程中，金融业取得了骄人业绩。金融业对经济增长的贡献率大幅度上扬（见表1-7），帮助北京极大地对冲了其他产业产值下降带来的风险。

表1-7 北京金融业对经济增长的贡献率

单位：%

产业	2016年	2017年	2018年	2019年	2020年
金融业	23.8	17.6	18.4	26.2	87.95

资料来源：依据《北京市国民经济和社会发展统计公报》（2016—2020年）计算得出。

六、北京金融业税收贡献占比稳中趋升

北京金融业作为支柱性产业，对税收的贡献自然非常重要，随着经济结构的调整，金融业完成的税收收入总量和占比均呈现稳中趋升的态势（见表1-8）。

表1-8 北京金融业对税收的贡献率

项目	2016年	2017年	2018年	2019年	2020年
金融业税收（亿元）	5 439.1	4 515	4 252.7	5 217	5 710.4
金融业税收占比（%）	42.5	36.4	33.6	39.8	44.6

资料来源：依据《北京市国民经济和社会发展统计公报》（2016—2020年）计算得出。

七、北京金融业的市场规模不断扩大

北京金融业在存贷款余额、证券市场交易额、保费收入等主要的金融市场指标上表现突出，充分反映了北京金融业在货币市场、资本市场、保险市场等具体细分市场的影响力和重要地位。特别是全国中小企业股份转让系统（下称新三板）已经具备了全国性金融交易市场的功能，随着"十三五"期

间新三板的"分层""转板"等改革措施的不断推进，市场挂牌公司数量和成交额均呈现大幅增长态势，金融市场规模不断扩大（见表1-9）。

表1-9 北京金融业市场规模

项目	存款余额（亿元）	贷款余额（亿元）	证券成交额（亿元）	股票成交额（亿元）	债券成交额（亿元）	基金交易额（亿元）	证券资金账户数（万户）	保费收入（亿元）	赔付支出（亿元）
2016年	138 408.9	63 739.4	421 962.9	135 890.9	240 689.6	—	883.4	1 839	596.6
2017年	144 086.0	69 556.2	446 308.3	115 095.3	293,247.9	—	967.7	1 973.2	577.7
2018年	157 092.2	70 483.7	911 465.7	149 887	—	25 144.4	—	1 793.3	629.4
2019年	171 062.3	76 875.6	946 426	185 027	—	25 041	—	2 076.5	719
2020年	188 081.6	84 308.8	1 260 000	3 190 000	—	35 000	—	2 302.9	750.6

资料来源：依据《北京市国民经济和社会发展统计公报》（2016—2020年）计算得出。

但从另外一个角度来看，货币市场、资本市场和保险市场的增速却在剧烈变化（见表1-10）。

表1-10 北京金融业细分市场规模变化率

单位：%

项目	存款余额变化率	贷款余额变化率	证券成交额变化率	股票成交额变化率	债券成交额变化率	基金交易额变化率	证券资金账户数变化率	保费收入变化率	赔付支出变化率
2016年	7.0	8.0	−29.3	−55.5	31.9	—	14.0	31.0	17.8
2017年	3.0	8.0	5.8	−15.3	21.8	—	8.0	7.3	3.2
2018年	8.0	10.0	−8.9	−23.0	—	13.7	—	−9.1	8.9
2019年	8.0	8.0	3.8	23.4	—	−0.4	—	15.8	14.2
2020年	8.0	8.0	33.1	72.4	—	40.3	—	10.9	4.4

资料来源：依据《北京市国民经济和社会发展统计公报》（2016—2020年）计算得出。

八、北京金融安全程度持续改善

"十三五"期间，互联网金融的发展经历了一个潮起潮落的过程，从每年《政府工作报告》的不同表述中，也可以总结出一定的规律。2016年，提出"规范发展",敲响了互联网金融专项整治的警钟,这意味着互联网金融将结束野蛮生长阶段,进入合规发展的新阶段。2017年,提出"高度警惕互联网金融风险",进一步强化了对互联网金融风险的警示。2018年,提出"健全互联网金融监管",明确了加强对互联网金融的监管力度。

在北京,北京市金融工作局牵头承担起了互联网金融专项整治的主体责任。自2016年以来,该机构先后开展了一系列的整治行动,通过市场摸排、停业转型、有序退出等多种方式,将互联网金融产生的外溢风险进行了有效控制,这也在北京互联网金融机构数量变化中有所体现(见表1-11)。

表 1-11 北京互联网金融机构(网贷机构)数量变化

项目	2016年	2017年	2018年	2019年	2020年
网贷机构(家)	461	376	211	94	0

资料来源:依据"网贷之家"相关资料整理得出。

九、北京金融科技发展态势如火如荼

基于大数据、区块链、移动互联、人工智能、云计算等底层技术的支撑,加上金融业应用场景的不断涌现,我国金融科技的发展如火如荼。充分吸取互联网金融发展过程中出现的"先发展后监管"的经验教训,金融科技市场秩序的建立主要从市场和监管两个维度同时开展,坚持市场创新与监管创新同步进行。2017年5月,中国人民银行率先成立金融科技委员会,提出要加强金融科技的研究规划和统筹协调,强化监管科技,识别和防范新型金融风险,这是从顶层设计的角度力争预防"让子弹乱飞"的情景再现。2019年8月,中国人民银行发布《金融科技(FinTech)发展规划(2019—2021年)》(银发〔2019〕209号)。该规划中指出,虽然我国在金融科技方面已具备一定基础,但也要清醒地看到,金融科技的快速发展促使金融业务边界逐渐模糊,金融风险传导突破时空限制,给货币政策、金融市场的稳定以及金融监管的实施等方面带来新挑战。

2018年10月,北京市金融工作局、中关村科技园区管理委员会、西城区

人民政府、海淀区人民政府联合发布了《关于首都金融科技创新发展的指导意见》，明确了首都金融科技发展的总体思路和发展目标就是要"加强专业化公共服务平台建设和支撑，加强金融科技前沿技术和关键核心技术开发应用，大力发展金融科技产业，促进科技创新与金融发展深度融合，以科技创新提高金融服务实体经济能力，以金融发展促进科技创新成果转化应用。加强对金融科技行业的技术引领、标准制定、规范创新与国际合作，建设国际化的金融科技全产业链，加强金融科技风险防控和监管，牢牢守住不发生系统性区域性金融风险底线，建设国际一流的金融科技生态，培育形成具有全球影响力的金融科技产业"[1]。实际上，早在同年3月，中关村科技园区管理委员会、北京市金融工作局、北京市科学技术委员会就已联合发布了《北京市促进金融科技发展规划（2018年—2022年）》，提出要打造以金融监管科技为核心、金融创新应用领域为支撑的产业集聚格局。

在良好政策环境的引导下，北京金融科技产业的发展也呈现了如火如荼的可喜状态。通过相关平台的数据查询，截止到2021年8月，北京共有注册金融科技企业11621家，分布在信息传输、软件和信息技术服务业，金融业，房地产业，租赁和商务服务业，科学研究与技术服务业等行业领域。其中，成立于"十三五"期间的金融科技企业合计有3263家（见表1-12、表1-13）。

表 1-12 "十三五"期间北京金融科技企业成立数量

成立时间	2016年	2017年	2018年	2019年	2020年	2021年
企业数（家）	1 390	1 352	277	140	104	41

资料来源：依据"企查查"平台相关资料整理得出。

表 1-13 北京金融科技企业行业分布

分布行业	企业数（家）	备注
农、林、牧、渔业	6	
制造业	23	

---

[1] 北京市金融工作局等．关于首都金融科技创新发展的指导意见 [S].2018.10.

续表

分布行业	企业数（家）	备注
电力、热力、燃气及水生产和供应业	4	
建筑业	29	
批发和零售业	399	
交通运输、仓储和邮政业	6	
住宿和餐饮业	12	
信息传输、软件和信息技术服务业	613	
金融业	325	
房地产业	51	
租赁和商务服务业	3 958	
科学研究与技术服务业	5 944	
水利、环境与公共设施管理业	8	
居民服务、修理与其他服务业	15	
教育	16	
卫生和社会工作	7	
文化、体育和娱乐业	172	
其他行业	33	

资料来源：依据"企查查"平台相关资料整理得出。

十、北京金融业发展短板犹存

在全世界和全国范围内，北京作为金融中心城市的地位不断上升。《北京市促进金融科技发展规划（2018—2022）》提出：努力把北京建设成为具有全球影响力的国家金融科技创新与服务中心，加快推动金融科技行业主体、重大项目创新与发展，在推动金融科技服务于金融监管与安全、风险防范、经济结构调整与产业发展、城市治理、区域协同等方面取得突破性进展，形成"首都特色、全国辐射、国内示范、国际标准"的金融科技创新示范

体系。①因此，北京金融业的发展将迈入新阶段，驶向快车道。但从全球视野和全国格局来看，北京在金融业领域还存在一些明显的短板，亟待补齐和加强。

首先，北京金融业的市场影响力有待提升。虽然北京具有监督和管理总部优势，但缺乏市场优势。在交易场所、资本市场规模等方面，与纽约、伦敦、新加坡、香港、上海和深圳还有很大差距，在新三板的交易规模、上市数量和质量方面都还有很长的路要走。

其次，北京金融业的创新能力有待提升。虽然北京拥有强大的科技优势，但在与市场结合方面创新能力不足。目前，很多市场创新产品大部分产生在上海、深圳、杭州等地区，说明北京金融业的改革力度还没有完全跟上市场的需求。

最后，北京金融业的市场化程度有待提升。由于北京的独特区位优势，很多国家机关、军队、中央企事业获得的金融服务大都由北京提供，这使得部分金融机构存在"吃大户"的现象，在金融市场竞争过程中没有充分挖掘自身的竞争力，市场化程度和上海、深圳的金融业相比还有待提升。

第二节　北京金融细分行业"十三五"期间的发展状况

一、北京银行业"十三五"期间的发展状况

（一）北京银行业金融资产总额不断增长

1.北京银行业资产规模稳步增长

"十三五"期间，北京金融业平稳运行，机构改革稳步推进，金融生态环境持续优化，货币信贷和社会融资规模总体保持合理增长态势。截至2020年年末，北京银行业金融机构资产总额已达到286248亿元，较2016年的215952亿元增长了32.6%（见图1-1）。

---

① 中关村管委会等 . 北京市促进金融科技发展规划（2018—2022）[S].2018.3.

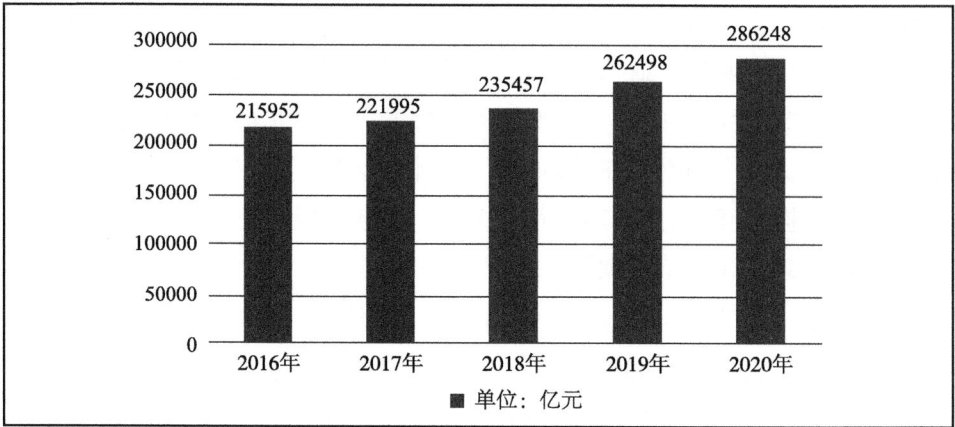

图 1-1 "十三五"期间北京银行业金融机构资产总额情况
资料来源：中国人民银行网站、中国银行保险监督管理委员会网站。

利润方面，"十三五"期间，北京银行业金融机构实现的利润总额呈现出先增长、后下降的态势。2016 年至 2017 年，银行业金融机构实现利润总额呈增长趋势，涨幅分别为 15.6% 与 16.7%；2018 年银行业金融机构实现利润总额的涨幅仅为 5.1%，出现增长拐点；2019 年至 2020 年，银行业金融机构实现利润总额呈下降趋势，降幅分别为 –4.9% 与 –13.5%。受到新冠肺炎疫情冲击的影响，2020 年银行业金融机构实现利润总额的下降幅度较大（见图 1–2）。

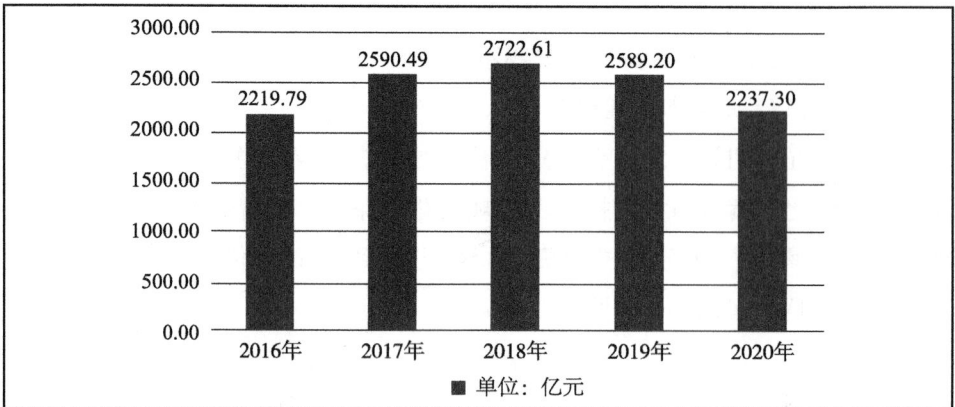

图 1-2 "十三五"期间北京银行业金融机构实现利润情况
资料来源：中国人民银行网站、中国银行保险监督管理委员会网站。

2. 北京银行业存贷款有序增长

"十三五"期间，北京银行业无论是各项贷款总额还是各项存款总额，都呈上涨态势。其中，人民币存款保持较高增速，外币存款增速大幅提升，人民币贷款保持平稳增长，表外业务规模保持合理增长。与此同时，LPR 利率的出现，使得贷款利率更加平稳，整体贷款利率处于下降趋势。此外，尽管受到新冠肺炎疫情冲击的影响，不良贷款总量有所增加，但北京整体贷款不良率处于全国最低水平，风险抵补能力较强（见表 1-14）。

表 1-14 "十三五"期间北京银行业存贷款情况

项目	余额（亿元）				
	2016 年	2017 年	2018 年	2019 年	2020 年
各项贷款	77 100	85 000	94 500	103 300	114 096
各项存款	143 100	154 000	169 500	185 500	202 061
不良贷款	454	317	319	564	634

资料来源：中国人民银行网站、中国银行保险监督管理委员会网站。

（二）北京银行业金融机构网点布局及结构持续优化

1. 金融机构营业网点逐步减少

截至 2020 年年末，北京银行业金融机构总数为 4663 家，较 2016 年年末减少 28 家。"十三五"期间，政策性银行数量保持不变；除邮政储蓄银行网点数量增加以外，对外营业的其他类型的商业银行（大型商业银行、股份制商业银行、城市商业银行、小型农村金融机构、外资银行）数量均有所减少（见表 1-15）。

表 1-15 "十三五"期间北京银行业金融机构营业网点情况

机构类别	营业机构网点数量（家）				
	2016 年	2017 年	2018 年	2019 年	2020 年
大型商业银行	1 827	1 825	1 817	1 797	1 794
国家开发银行和政策性银行	18	18	18	18	18

续表

机构类别	营业机构网点数量（家）				
	2016 年	2017 年	2018 年	2019 年	2020 年
股份制商业银行	951	900	862	813	810
城市商业银行	378	398	412	425	426
城市信用社	—	—	—	—	—
小型农村金融机构	694	675	673	673	673
财务公司	72	72	75	75	75
信托公司	11	12	12	12	12
邮政储蓄银行	568	574	574	574	574
外资银行	122	121	116	115	117
新型农村机构	38	39	38	40	146
其他	12	13	106	18	18
合计	4 691	4 647	4 703	4 560	4 663

资料来源：中国人民银行网站。

2. 多渠道满足客户需求

北京银行业金融机构无接触服务或线上金融服务持续优化，不断加大金融科技投入力度，积极探索客户诉求自动化处理方式，提高服务响应能力。以网上银行、手机银行为主阵地，进一步搭建功能齐全、场景完备、移动智能的线上渠道，不断提高业务办理效率，改善客户服务体验。同时，增加自助设备投放数量，进一步提升智能化设备服务能力及效率。截至 2020 年 2 月，自助机具投放总量为 2.33 万台。目前，北京商业银行整体柜面替代率达到 90% 以上，积极实现复杂业务向自助机具的迁移，加速科技赋能的趋势明显。

3. 持续深化网点布局调整

北京银行业金融机构网点布局持续优化，加大普惠金融服务力度，落实乡村振兴战略，做好精准扶贫工作，在远郊区县密云、房山、延庆等地增设网点，填补金融服务空白区域。此外，多家银行在城市副中心开设营业机构，积极建设员工队伍，大力支持首都城市副中心建设，实现与城市副中心同步发展。

（三）北京银行业规范经营秩序

1. 规范开展各项业务

"十三五"期间，北京银行业不断加强监管力度，涵盖理财销售、信用卡管理、影子银行、交叉金融、同业资管、非法集资等多个领域，规范机构经营行为，着力防范重点机构和重点领域风险，取得显著效果，资产结构得到持续优化，有效防范化解信用风险及流动性风险和案件风险等，为实体经济发展维护良好稳定的金融市场秩序。

2. 加强消费者权益保护

落实消费者权益保护工作，规范银行业金融机构行为，健全金融消费者权益保护机制。规范银行理财销售流程，严格遵守"双录"规定，对金融产品和服务的风险及专业复杂程度进行评估并实施分级动态管理，完善金融消费者风险偏好、风险认知和风险承受能力测评制度，将合适的金融产品和服务提供给有需要的金融消费者。

3. 严厉打击诈骗、非法集资活动

北京银行业金融机构建立完善应急机制，积极配合公安机关持续打击诈骗、非法集资活动，切实防范化解金融风险。同时，推动金融机构积极践行社会责任，加大风险防范的宣传力度，定期开展金融知识宣传，在银行营业网点内显著位置张贴打击非法集资、防诈骗宣传提示，在柜面上出现异常转账行为时，借助公安机关的帮助及时阻断非法资金往来。

（四）北京银行业大力支持金融生态文明建设

北京银行业高度重视金融支持生态文明建设，积极发展绿色信贷，支持绿色、循环、低碳经济发展，切实打好污染防治攻坚战。截至 2020 年年末，辖区内主要中资银行（包括政策性银行、国有控股大型商业银行、股份制商业银行）绿色信贷领域贷款余额已达到 12726.42 亿元，与 2016 年年末相比增长了 53%。其中支持节能环保项目及服务贷款余额为 10350.41 亿元，支持节能环保、新能源、新能源汽车等三大战略性新兴产业生产制造端贷款余额为 2376.01 亿元。贷款资金重点投向了绿色出行、可再生能源、污染防治等项目，有力地支持和促进了首都生态文明建设（见图 1-3）。

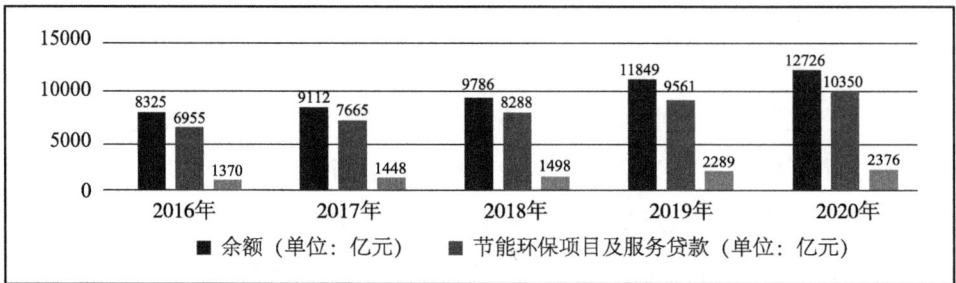

图1-3 "十三五"期间北京银行业绿色信贷发展情况

资料来源：中国银行保险监督管理委员会网站。

（五）北京银行业金融机构人员从业结构进一步优化

"十三五"期间，北京银行业金融机构从业人员数量整体呈上涨趋势，除大型商业银行、政策性银行及外资银行从业人员数量减少以外，其他类型的商业银行（股份制商业银行、城市商业银行、小型农村金融机构、邮政储蓄银行等）从业人员数量整体上均有所增加（见表1-16）。

表1-16 "十三五"期间北京银行业金融机构从业人员情况

机构类别	从业人员数量（人）				
	2016年	2017年	2018年	2019年	2020年
大型商业银行	53 326	53 020	52 955	53 089	52 157
政策性银行	914	918	907	912	894
股份制商业银行	24 232	24 262	24 495	25 357	25 182
城市商业银行	11 440	11 475	11 420	11 951	12 467
城市信用社	—	—	—	—	—
小型农村金融机构	8 862	8 983	8 743	9 224	9 072
财务公司	4 662	4 784	4 989	5 264	5 281
信托公司	2 662	3 510	3 788	4 098	4 218
邮政储蓄	3 230	3 267	3 276	3 360	3 327
外资银行	4 406	4 357	4 363	4 306	4 212
新型农村机构	761	750	791	818	1 845

机构类别	从业人员数量（人）				
	2016年	2017年	2018年	2019年	2020年
其他	4 088	4 179	—	4 347	4 151
合计	118 583	119 505	115 727	122 726	122 806

资料来源：中国人民银行网站。

数字经济时代，北京银行业面临转型升级，转型过程中也包括人员结构的调整，如将部分柜面人员调整到厅堂服务岗位或后台岗位。不仅如此，金融科技人才需求也在不断增加，2020年北京各商业银行招聘信息显示，多家银行招聘技术人员比例占到当年招聘总人数的50%以上。

（六）北京银行业积极布局"数字化"转型

1. 积极拥抱数字化转型

全球进入数字经济时代，随着区块链、大数据等金融科技技术的发展，客户对于银行的金融服务需求也在迅速变化。面对这种变化，北京银行业金融机构重新审视自身业务，借助金融科技力量，重塑传统思维，推进数字化转型。无论是宏观政策的引导，还是银行服务的客观改变，都在推动商业银行开始布局数字化转型战略。数字化转型是数字经济时代的必然要求，亦符合我国金融科技发展规划方向。新冠肺炎疫情冲击使北京银行业更加认识到数字化转型的重要性和迫切性。危中育机，北京银行业在受到新冠肺炎疫情冲击的同时，产业数字化的进程不断加速，也提升了银行业适应数字经济时代的能力。

2. 金融科技赋能数字化转型

金融科技的发展，让客户对金融服务有了新的认识，开始越来越重视金融机构提升服务效率的模式。就像是学会了手机转账的客户不愿意再花时间到柜台等待一样，大众开始熟知并接受科技与金融服务的有机融合。商业银行想要实现数字化转型，必须要借助金融科技的力量，以此来实现从产品、运营、服务到银行经营理念的转型升级。

对于银行而言，金融科技可以重塑金融生态，推动银行业数字化转型。以客户为中心、轻资产重服务、数字化思维、数字化营销、数字化运营、数字化风险控制等已经成为银行业的重要着力点。从银行业发展战略的角度，各家银行纷纷加强顶层设计，重视金融科技建设，提升金融科技应用水平。

（七）北京银行业广泛应用金融科技

1. 大力推行金融科技战略

商业银行视角下的金融科技，可称之为银行科技，应对技术革新，各家银行纷纷采取不同的应对策略。

(1) 与科技公司共同合作分享金融科技成果。目前，很多银行已开始与科技公司共同合作，借助科技公司的技术力量，加速金融科技的开发应用，分享金融科技成果。在科技公司选择方面，银行既可以选择新兴的金融科技公司，又可以选择拥有先进技术的发展较为成熟的互联网公司。与这些公司合作，可以使银行通过提高收费或者增加净收入，达到增强盈利能力的目的，或者通过提供低成本存款服务，减少科技研发的时间及人力投入，帮助银行降低成本。

(2) 建立银行内部的技术解决方案。目前北京大部分银行已经开始提高用于银行金融科技建设的投入，例如成立金融科技子公司、建立专门的部门或者加大信息技术建设力度。对外寻求提升品质的同时，各银行也都提高研发投入，引入技术高端人才，努力做好技术支撑。同时，深挖客户需求，不断更新产品设计，通过技术创新，将不同的金融资产重新组合，降低银行资产风险。

2. 广泛应用金融科技

随着信息技术的不断发展，金融科技在金融行业中的应用范围逐步扩大、应用程度逐渐深入，尤其是在银行日常经营中广泛使用，给银行业带来了巨大影响。金融科技在银行领域的应用主要体现在以下四个方面。

(1) 移动互联在银行领域的应用。移动互联即基于移动终端和通信网络的连接，进行信息的获取、发布和交互。简单而言，移动互联主要通过网络连接来对大数据进行获取和传递。移动互联在银行领域的应用、实施范围较广，推行时间较其他金融科技技术也较早，例如我们熟悉的电话银行、网上银行、手机银行等终端金融系统。有了这些终端金融系统，客户可以不受到银行工作时间以及营业网点或自助服务机（ATM）位置的限制，全天候地随时登录账户进行交易。比起传统的银行网点服务和基于计算机终端的网上银行，手机银行操作更为便捷，因此越来越多的客户选择手机银行服务。在数字化的时代，客户更加倾向于选择定制化、个性化的服务，因此各家银行都意识到提升客户个性化服务体验的重要性。通过移动端进行操作，银行还可以更广泛地收集客户行为和偏好数据，为个性化服务提供参考，为用户创造独特的体验，提升客户满意度。智能化的手机银行可以实时帮助客户掌握自己账户的所有信息，提供便捷的交易方式，例如存款查询、转账汇款、投资理财等。同时，从银行角度，移动终端可以帮助银行实现无纸化，既环保又节省印刷和交付费用，而且无须雇用额外的员工，提供比自助服务机交易更为便捷的服务，节省银行运营成本。随着移动互联网的广泛应用，移动支付逐渐替代了传统的现金支付，人们的消费习惯也悄然发生改变。银行的移动支付主要为手机银行转账、银行卡绑定消费、投资理财类和公共事业缴费等领域服务。例如，多家银行的手机银行现已推出"刷脸"（面容认证）转账功能，客户通过远程视频进行面部识别确定身份后，能够在线办理 20 万元至 100 万元的大额转账业务。南京银行推出多功能可穿戴智能支付设备"智 e 鑫"，有"闪付"终端受理、进行小额"免密"支付等功能。

（2）人工智能在银行领域的应用。人工智能在银行领域的应用主要体现在智能理财顾问制定资产管理方案和智能客服便捷解决客户诉求方面。传统银行的理财顾问需要站在投资者的角度，结合掌握的客户信息，分析客户特征，配置符合该客户风险偏好特征并且适应特定时期市场行情的投资组合产品，在客户投资后还要持续跟进。这些工作需要以人工方式完成，而完成这些任务的投资或理财顾问，必须具备非常高的专业素质，这也就使得财富管理服务的准入门槛相对较高，几乎只面向高净值人士开设。智能理财顾问的出现，使银行以最少人工干涉的方式进行投资组合管理，用计算机代替专业的理财顾问来管理客户资产，同时客户群体也不只面向是高净值人士。运用人工智能技术，智能理财顾问能做到对大量客户进行财富画像，并且为每一位客户提供量身定制的、个性化的资产管理和投资方案。

(3) 大数据在银行领域的应用。大数据可以帮助银行实现精准营销，助力产品创新。"了解你的客户"是银行开展业务的重要前提之一，基于对客户的了解，银行才能制订更适合的营销方案，开发相应的产品和服务。在大数据时代，仅仅是对客户的身份真实性、合法性进行验证已无法满足银行竞争需求。银行可以建立大数据平台，利用先进的大数据分析能力来获取客户的消费习惯、消费偏好、消费水平和兴趣爱好等多方面的信息。利用大数据进行用户画像，实际上也就解决了精准营销的问题。用户在认知产品的过程中，会通过网络或者其他私人渠道对产品信息、类别进行检索，了解相应的产品信息，留下行为轨迹，形成偏好数据。在已有的用户画像基础上，结合产品搜索数据信息，形成完整的客户关系管理系统（CRM），从而精准推送给客户相应的金融产品，实现精准化营销。同时，大数据还可以增强银行风险控制能力。传统银行在对企业进行贷款时，需要进行贷前审查、贷中审查和贷后检查，这一过程需要花费大量的时间和人力。当银行使用大数据技术时，可以构建针对客户贷款的评分模型，根据客户自身的信用程度、消费信息、收入水平等自动对贷款进行审批。银行可通过企业的生产、流通、销售、财务等相关信息，结合大数据挖掘方法进行贷款风险分析，准确量化企业的信用额度，更有效地开展中小企业贷款。除了上述两种应用外，大数据技术还可以为银行提供新的反洗钱方法。现有的反洗钱系统，大多是基于规则模式的。这些规则很大程度上是根据历史数据总结得来的，而且非常依赖人工经验，容易造成疏漏。目前反洗钱系统的筛选规则通常是针对单个账户的，而事实上，金额巨大的洗钱活动，往往是团伙作案。通过和大数据技术相结合，金融机构可以在短时间内搜索出客户身份、资产负债对比及收付交易等各方面信息技术，这些数据经过专业的分析和挖掘，能够对用户的洗钱行为进行甄别和分析。商业银行可以利用账户的基本信息、客户历史行为模式、正在进行的操作（如转账）等，通过智能引擎进行动态的交易分析。

（4）区块链在银行领域的应用。金融业发展的基础是信任，为了建立信任机制，金融业在发展过程中催发了大量的中心化机构，包括第三方支付平台、银行、交易所等。现有的银行体系中，想要进行账目核对，基本都要通过商业银行总行的电子账本（电子档案中心）。从本质上而言，目前银行的数据储存结构是一个中心化的结构。而对这个电子档案中心做运营维护，是需要付出大量的运营成本的。区块链技术的出现，使得电子数据存储有了新的发展方向，去中心化的特点决定了区块链技术在银行领域的应用可以节约大量的运维成本。同时，分布式的特点为数据查询提供更便捷的方法。因此，越来越多的银行开始了对区块链技术的应用研究，成立专门的实验室用以发展这项技术。区块链还可以提升跨境交易的效率。现有的跨境结算方式主要是通过环球银行金融电信协会（SWIFT）进行银行间清算和结算。这种跨境支付结算必须通过多家中介行、结算行等环节，多个中介角色的深度参与，正是因为信任机制对跨境交易的完成至关重要。然而，操作单笔跨境汇款，不但中间环节繁多，非常耗时，还需支付大量的手续费。各个国家的清算程序不同，会导致一笔汇款需要 2～3 天才能到账，效率很低。在途资金金额大，也提升了交易成本。将区块链技术应用到现有的跨境结算中，通过分布式账本，实现收付款双方点到点的直接连接，可以彻底地改变现有资金的转移方式，能迅速降低跨境支付交易成本。区块链技术可以减少资金中转费用，提高资金周转效率。此外，区块链的分布式记账特点，还可以大幅提升跨境汇款的安全性。

区块链分布式记账的开源、透明等特点，使经济活动参与者能够清楚知晓经济事务的规则。在区块链技术应用的背景下，所有账本内容在每个数据节点都可以被验证，构造历史真实性和完整性，这使得经济活动在一定程度上可追责，能够降低系统信任风险。在区块链形成的网络中，任何节点发生交易，所有的账簿都会生成相应的记录。这也就意味着，一旦有人试图入侵和修改单个账簿，其他的所有账簿都会自动侦测到这种欺诈行为并将之记录下来。

（八）北京银行业积极开展"监管沙盒"试点工作

2020年3月，中国人民银行营业管理部公示，北京金融科技创新监管试点首批6项创新应用已完成登记，向用户正式提供服务。这6项创新应用包括：中国工商银行的"基于物联网的物品溯源认证管理与供应链金融"，中国农业银行的"微捷贷产品"，中信银行的"中信银行智令产品"，百信银行的"AIBANK Inside 产品"，宁波银行的"快审快贷产品"，银联、小米、京东的"手机POS创新应用"。商业银行应当积极参与到监管"沙盒"试点工作中来，努力构建审慎经营的风险预警体系，在开放的网络环境下，提升抵御风险的能力。

2021年9月，百信银行自主研发的开放银行平台AIBANK Inside 产品率先完成人民银行首批金融科技"监管沙箱"创新试点的全流程闭环测试，成为首批成功"出箱"的项目之一。据了解，AIBANK Inside 产品是百信银行打造的金融开放生态的统一平台，通过微服务架构将多类型、标准化、通用化的金融服务进行解耦合模块化封装，将金融服务嵌入消费互联网和产业互联网，广泛链接合作伙伴，极大地提高了金融服务交付效率和质量，同时确保安全性和合规性。

二、北京证券业"十三五"期间的发展状况

"十三五"期间，北京证券机构数量保持稳定，资产规模稳步增长，截至2020年年底，北京地区证券资产规模已达14848.4亿元，证券期货机构72家，证券营业部527家，期货营业部116家，上市公司381家，资本市场在北京金融业发展和国家金融管理中心功能建设中发挥着极为重要的作用。

（一）北京证券业机构数量保持稳定，资产规模稳步增长

"十三五"期间，北京证券公司的数量一直保持在18家，仅在2020年减少到17家；2016—2019年，证券营业部的数量稳中有增，仅2020年有所下降。2020年年末，北京地区证券公司资产规模已达1.3万亿元，同比增长28.2%。

2020 年年末，北京地区证券公司实现营业收入 654.0 亿元，同比增长 30.9%。

"十三五"期间，北京基金管理公司的数量和管理基金的数额持续增长。2020 年年末，北京基金管理公司的数量为 36 家（注册地为北京的有 21 家），基金资产规模为 726.4 亿元，实现管理费收入 246.9 亿元，其中公募基金管理公司的管理规模为 3.7 万亿元。基金资产规模和管理费收入在 2020 年比 2016 年分别增长了 16.13% 和 101.20%。

"十三五"期间，北京期货公司的数量一直保持在 19 家，北京地区期货营业部的数量持续增长，2020 年比 2016 年增长了 22.11%。2020 年年末，北京地区期货公司资产规模为 1122.0 亿元，同比增长 43.5%，实现营业收入 42.7 亿元（见表 1-17）。

表 1-17 北京证券期货经营机构市场概况

指标	2016 年	2017 年	2018 年	2019 年	2020 年
证券公司数量（家）	18	18	18	18	17
证券营业部数量（家）	422	477	543	641	527
基金管理公司数量（家）	31	32	32	34	36
管理基金数额（亿元）	836	1 065	1 166	1 317	1 682
期货公司数量（家）	19	19	19	19	19
期货营业部数量（家）	95	102	108	112	116

资料来源：北京证监局 http://www.csrc.gov.cn/pub/beijing/。
注：表中时点数为截至当年度最后一个月月末的数据。

（二）北京证券业加快财富管理业务转型

2020 年，北京证券业实现代理销售金融产品净收入 134.38 亿元，同比增长 148.76%；实现资产管理业务净收入 299.6 亿元，同比增长 8.88%，证券业服务居民财富管理能力进一步提升，财富管理转型初见成效。

在大财富管理的时代背景下，北京证券公司要满足有各种各样风险偏好和流动性需求的投资者的需求，仅靠证券产品是远远不够的，更需要扩充代销产品线，去发现银行、信托等其他机构符合自己客户需要的优秀产品，完善产品引入管理，推出"产品货架式"资产配置全服务，还需要主动为终端客户提供资产配置思路，然后进行针对性地推荐，使得客户的需求能够得到更加准确的匹配。因此，北京地区证券公司在开展财富管理业务过程中，更需要配置类似于私人银行财富经理一样的财富管理顾问。而在传统经纪服务领域，不仅需要加大财富管理顾问服务的广度和深度，充分了解客户的资产配置预期，更需要提高财富管理顾问对资本市场的深刻认知，提高资产配置服务水平。目前，北京地区证券公司的经纪人收缩和财富管理顾问增加，已经成为一个明显的趋势。

（三）北京证券业积极开展金融科技创新

北京证券业积极应用了新一代信息技术手段，覆盖了客户服务、业务辅助、合规科技、监管科技、信息技术基础设施等各个领域，致力于解决长期制约证券期货行业发展的痛点难点问题。相关技术应用涉及了大数据、云计算、人工智能、区块链等新一代信息技术，以及安全多方计算、联邦学习、云原生、信息技术应用创新等复合交叉技术；业务场景包含了智能投资顾问、智能运营、智能交易、智能风控、智能营销等资本市场各类业务领域。北京地区的证券公司可以运用金融科技去识别自身客户的风险偏好并进行精准画像，针对高净值人群、中等收入人群、普通收入人群提供个性化服务，与此同时，也可以运用金融科技对证券经纪人和财富管理顾问提供业务指导。

（四）北京证券业稳步合规发展

北京证券行业各经营主体运行平稳，资产规模持续扩张，资本实力进一步增强，平稳有序化解各类金融风险。资产管理产品规范整改稳步推进，消化存量和遏制增量并举，关注股权质押、债券违约、私募基金等"传统风险"、新冠肺炎疫情冲击下的"非传统风险"和境外"输入性风险"，防范化解风险取得成效，合规水平和风控能力保持健康稳定。各经营主体加快创新发展步伐，证券投行业务增速明显，服务实体经济、助力首都发展成效进一步提升。2020年，支持6家金融机构获得证券业资格许可，高盛高华和瑞信方正两家合资证券公司获准变更为外资控股公司，大和证券、汇泉基金、东兴基金正式设立，百信银行获批基金销售牌照，高端金融要素和行业机构在北京不断聚集。

（五）北京上市公司数量稳步增加，直接融资能力有所增强

"十三五"期间，北京上市公司的数量稳步增长，2020年比2016年增长了35.59%。上市公司的市值稳步增长，上市公司的流通市值也基本稳定，但上市公司本年累计募集资金增降不一、波动较大（见表1-18）。至2020年年末，北京共有沪深两市上市公司381家，总市值15.2万亿元，占沪深两市上市公司总市值的19.1%；H股上市公司72家，数量居全国首位。

表1-18　北京的上市公司概况

指标	2016年	2017年	2018年	2019年	2020年
数量（家）	281	306	316	346	381
上市公司市值（亿元）	122 303.34	2 156.79	115 833.63	139 278.59	151 721.16
上市公司流通市值（亿元）	107 584.5	137 764.24	103 081.93	119 457.95	124 557.14
上市公司本年累计募集资金（亿元）	4 468.68	122 448.64	3 423.83	5 399.07	3 866.48

资料来源：北京证监局 http://www.csrc.gov.cn/pub/beijing/.

注：1. 表中时点数为截至当年度最后一个月月末的数据。

　　2. 上市公司募集资金为首发融资、再融资和公司债券融资之和。

2020年，北京各类企业实现直接融资1.2万亿元，排名全国第一，同比增长9.9%。其中，IPO公司42家，募集资金969.1亿元；新三板挂牌公司公开发行7家次，募集资金22.6亿元，同比增长45.7%；209家企业发行公司债券（含ABS），募集资金9689.2亿元，同比增长10.2%；5家企业通过H股首发上市和再融资217.4亿元，同比增长180%。42家公司IPO上市，同比增长50%；全市场前5大IPO中，北京占3家；首家科创板上市的网络安全公司奇安信、首家人工智能芯片公司寒武纪、首家"VIE+CDR"九号公司等一批有代表性的北京公司上市，充分展现了北京作为全国科技创新中心的硬实力。

三、北京保险业"十三五"期间发展状况

"十三五"期间，北京保险业保费收入从2016年的1839亿元增长到

2020 年的 2303 亿元。截至 2020 年年底，北京地区共有保险法人机构 72 家、保险分公司 113 家、保险专业中介法人机构 391 家，市场主体数量排名全国首位。作为首善之区，北京是全国最成熟的区域保险市场和全国保险业最具发展竞争力的城市之一。

（一）北京原保费收入在全国总保费收入占比稳定增加

2016 年，北京地区原保费收入为 1469.7 亿元，占全国总保费收入的 5.4%。2017 年，北京地区原保费收入为 1568.8 亿元，但由于该年度全国总保费收入增长，因此在全国总保费收入中所占比重同比有所下降，为 4.7%。2018—2020 年，北京地区原保费收入在全国总保费收入中的占比不断增加，2020 年的占比为 5.1%（见图 1-4）。

图 1-4 北京地区原保费收入在全国总保费收入中的占比情况

资料来源：中国银保监会、北京保险行业协会网站。

（二）北京原保费支出趋于稳定

"十三五"期间，北京地区原保费支出在全国总保费支出中的占比，经历了先下降，后上涨，最后趋于稳定的走势（见图 1-5）。

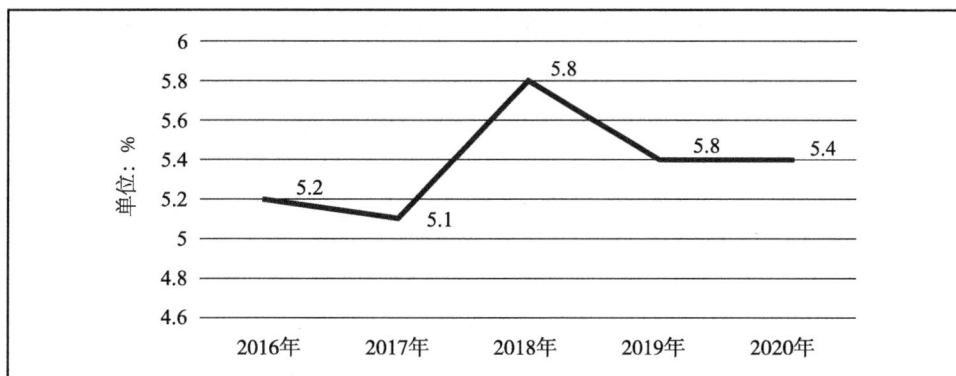

图 1-5　北京地区原保费支出在全国总保费支出中的占比

资料来源：北京保险行业协会、中国银保监会网站。

（三）北京保险发展水平居全国前列

"十三五"期末，北京地区保险深度为 6.4%，保险密度为 10609 元 / 人，发展水平位居全国前列。其中 2016—2019 年，北京健康保险密度连续 4 年保持全国第一。2019 年健康保险密度为 9640 元 / 人，健康保险深度为 5.9%（见表 1-19）。经营健康险业务的公司由 2015 年的 87 家增长至 2019 年的 112 家，健康保险的相关产品达 5000 多个，逐步满足北京地区消费者多层次的医疗保障需求。新冠肺炎疫情期间，北京地区保险公司扩展医疗责任险的保障责任，覆盖医疗机构千余家，保障医务人员超过 16 万人次。

表 1-19　北京地区与全国保险深度、保险密度对比

项目	保险深度		保险密度	
	北京（%）	全国（%）	北京（元/人）	全国（元/人）
2016 年	7.4	4.2	8 468	2 239
2017 年	7.0	4.4	9 089	2 632
2018 年	5.9	4.2	8 325	2 724
2019 年	5.9	4.3	9 640	3 046
2020 年	6.4	—	10 609	—

资料来源：北京保险行业协会。

（四）北京人身保险和财产保险市场受政策影响较大

"十三五"期间，北京地区人身保险保费收入经历了先下降，后增长的趋势。2017年，中国银保监会对万能险的规模、经营管理等进行了严格的限制和整顿，造成2017年人身保险原保费收入增长率急速下降，由2016年的38.8%下降为2017年的6.7%；2018年，银保监会维持严监管政策，北京地区的人身保险保费收入增速为−12.6%，原保费收入为1370.7亿元；2019年，北京地区人身保险原保费收入增加到了1622亿元；2020年，北京地区保险公司持续推动业务转型，从险种结构看，人寿保险原保费收入为1344亿元，保费占比74.5%，同比增长15.5%，健康保险原保费收入为462亿元，意外保险原保费收入为66亿元，保费占比向高质量发展迈进。2020年，北京地区人身保险相关业务实现原保费收入1862亿元，同比增长14.7%（见表1-20）。

表1-20 "十三五"期间北京地区人身保险原保费收入与赔付支出情况

项目	原保费收入（亿元）	收入增长率（%）	赔付支出（亿元）	赔付增长率（%）
2016年	1 469.7	38.8	367.3	22.5
2017年	1 568.8	6.7	365.3	−0.6
2018年	1 370.7	−12.6	383.5	5.0
2019年	1 622.0	18.33	450.0	17.34
2020年	1 862	14.7	489	8.7

资料来源：北京保险行业协会。

"十三五"期间，北京地区财产保险原保费收入平稳增长，从2016年的369.3亿元增长至2019年的454.9亿元，2020年原保费收入有所下降，增长率为−3.1%，这主要是受到车险综合改革和部分互联网业务的影响。

北京地区财产保险原保费支出变化波动较大，赔付支出增长率在2016年、2018年和2019年为正，分别为11%、15.7%、39.3%。2017年和2020年赔付支出减少，增速分别为−7.3%和−1.2%（见表1-21），其中车险累计赔付支出为153.6亿元，同比下降9.9%，非车险累计赔付支出为126.1亿元，同比上升11.7%。由此可以看出车险综合改革对于北京地区财产险原保费收入和支出的影响。

表1-21　"十三五"期间北京地区财产险原保费收入与赔付支出情况

项目	原保费收入（亿元）	收入增长率（%）	赔付支出（亿元）	赔付增长率（%）
2016年	369.3	7.1	229.3	11.0
2017年	404.4	9.5	212.5	−7.3
2018年	422.7	4.5	245.9	15.7
2019年	454.9	7.6	283.4	39.3
2020年	441	−3.1	279.7	−1.2

资料来源：北京保险行业协会。

（五）北京保险中介市场管理混乱、专业质量不高

保险中介机构包括保险专业中介、保险兼业代理和保险专属代理。其中最典型的保险专属代理模式是指与保险公司代理营销员相关的业务模式。[1]

截至2019年3月，据北京保险行业中介协会统计，北京地区共有保险专业代理机构152家，保险经纪机构157家，保险公估机构46家，所属从业人员191885人。2019年，北京152家保险专业代理机构的保费收入为424.2亿元，157家保险经纪机构的保费收入为625.5亿元，46家保险公估机构的保费收入为3.41亿元，分别占当年北京保险行业保费总收入的20.4%、30.1%、0.16%。

北京保险中介机构存在诸多问题，其中机构盲目铺摊子，发展基础薄弱的问题是在近年暴露出来的。2018年年末，在京近400家保险中介法人机构共在全国设立4354家分支机构，三年多来增长了3000余家。多数保险中介机构快速增长，但管理跟不上发展速度。在分支机构设立的过程中，很多中介机构事实上是在进行"加盟"和"承包"，经营外放而风险自留。北京作为全国性专业中介机构最多的地区，总部管理风险不断集聚。

除此之外，保险中介从业人员队伍规模波动剧烈。截至2019年年底，北

---

[1]　普华永道.中国保险中介行业发展趋势白皮书[EB/OL].[2022-05-24].https://www.ivcc.org.cn/report/detail/id/10729.

京地区保险公司名下执业登记人员为 17.91 万人，比 2015 年取消资格考试前增加了近 9 万人；在京保险专业中介机构名下全国执业登记人员从 2.5 万人增长到 8.3 万人。行业门槛低，导致营销队伍大进大出。中介机构只追求从业人员数量，造成保险从业人员业务培训和合规培训缺失，严重干扰了保险市场的稳定。

（六）北京保险行业全方位持续创新

习近平总书记指出："必须把创新作为引领发展的第一动力。""十三五"期间，北京保险行业在战略转型、人力资源管理、产品研发、服务管理等方面勇于探索，不断创新。

北京各家保险公司以高质量发展为目标，纷纷从战略上追求差异化经营。例如，太平人寿北京分公司根据总公司"共享太平"的理念，实施"全民赋能"计划，推动分公司转型发展。泰山财险将业务重点放在非车险业务上，不断优化业务结构，依据北京的独特地理位置和平台，实现责任险、在建工程险等业务的零突破。为了提供高质量的金融服务，各家保险公司在人力资源培养上进行了大胆的创新，用高薪引进高端人才，用大投入打造高级别的代理人队伍。例如，2019 年平安人寿推出"优才计划"；中国人寿通过鼎新工程扩大个险地位；太平人寿北京分公司创新打造 WMP 财富管理师计划；泰康人寿意识到学历与保险服务质量直接挂钩，从 2015 年起对代理人的资质要求必须大专以上学历，并通过英才、健康规划师等培训项目培养更高层次的服务人才。"十三五"期间，北京各大保险公司的人力资源质量大大提升。

金融科技的发展给保险公司的产品创新带来了机会。现阶段的产品创新出现两个特点：一是重场景及客户个性化感受；二是拓宽保险承保范围，给更多的消费者提供获得保障的机会。

大数据、物联网、人工智能等技术给北京保险行业风险防控和服务管理提供了创新的条件。如平安 App 推出的"平安行"和"安全管家"，可以通过提醒车主远离不良驾驶习惯来降低车险赔付率。友邦保险北京分公司成为首个推出个人移动健康管理平台"健康友行"的寿险公司，促进该公司实现健康管理伙伴的战略升级。另外，保险科技通过保险公司自动、精准核保，人脸识别、电子签名的技术提升了承保效率。部分保险公司无须人工介入，支持低风险、小额案件全流程理赔自动作业，大大提升了理赔的效率和客户的体验感。

（七）北京保险行业从严监管不松懈

在经历了安邦保险公司违法违规事件后，面对万能险市场的乱象，中国银保监会重拳出击，保险行业进入了严监管时期。2017年1月，保监会印发《保险标准化工作管理办法》，对保险工作涉及的各个环节和程序进行规范管理。2018年2月28日，北京银保监局召开北京银保监会议，会议重点强调了防范风险的工作要求。2018年5月，银保监会发布了《保险公司信息披露管理办法》，要求所有保险机构披露规定的信息。2018年6月，银保监会发布《关于加强自媒体保险营销宣传行为管理的通知》。2020年12月，中国银保监会发布《互联网保险业务监管办法》。一系列政策的完善，体现了银保监会从严监管、整治保险乱象的决心。

北京地区机构总量多、背景复杂，既是保险创新的重要领域，同时也容易滋生违法乱纪现象，特别是跨行业跨区域监管难度大。北京银保监局对金融行业违法违规行为秉持零容忍态度，强调落实双罚制。加强对高管人员的处罚综合采取了限制业务范围、责令停止接受新业务、吊销业务许可证、撤销任职资格、禁止进入保险业等多种处罚措施，切实提高违法违规成本，使得机构不敢违规、不能违规、不愿违规。

四、北京信托业"十三五"期间发展状况

"信托"是委托人基于对受托人的信任，将其财产权委托给受托人，由受托人以自己的名义按委托人的意愿对受托资产进行管理或处分的行为，受托人同时作为受益人获得特定目的信托收益。信托业具有"全牌照"的独特优势，是唯一可以在货币、资本和实业三个市场进行业务的金融行业。近年来，我国信托业受托管理资产规模庞大，成为仅次于银行业的第二大金融子行业。

（一）北京信托业与全国信托业发展具有共通性

由于目前信托业获取数据渠道有限，并且统一口径信息仅为全行业信息，各个信托公司虽有年报数据，但在统计口径上仍然存在差异，导致部分数据仍存在偏差，缺乏可比性。更为重要的是，北京信托业是全国信托行业的重要标杆，北京信托业的发展态势是全国信托行业发展的缩影，通过分析全国信托行业的发展变化，反过来可以折射北京信托业的发展特征和趋势。下面我们将重点分析全国信托行业"十三五"期间的发展特征。

1. 信托资产规模下降幅度趋稳

信托行业在"十三五"期间处于行业调整的关键期。信托资产规模在2016年突破了 20 万亿元大关以后，五年以来均在 20 万亿元以上。由于一系列监管措施的出台，2018 年信托资产规模出现了拐点，2018—2020 年出现了信托资产规模连续下降。2018 年信托资产规模出现了同比 –13.52% 的增长，2019 年和 2020 年也出现了同比负增长，但 2019 年和 2020 年的信托资产规模下降幅度趋稳（见图 1–6、图 1–7）。

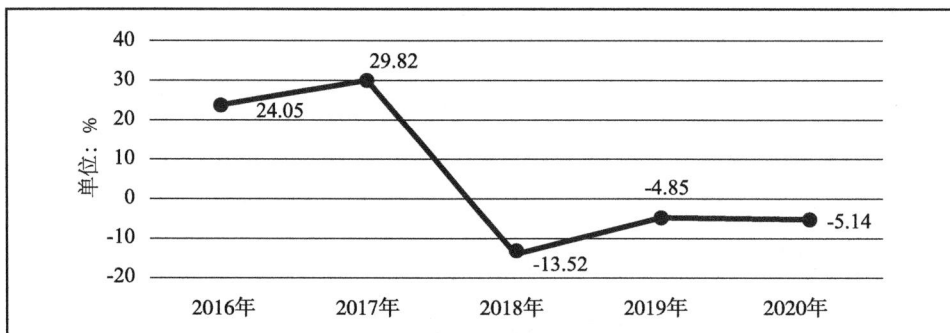

图 1-6　信托资产规模同比增长变化

资料来源：中国信托业协会。

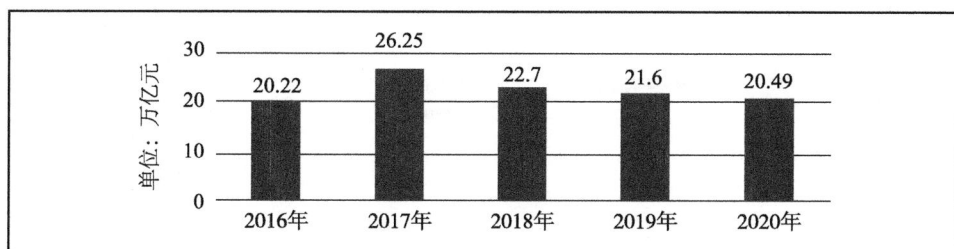

图 1-7   2016—2020 年信托资产规模变化

资料来源：中国信托业协会。

2. 信托资产结构进一步优化

2016—2020 年间，在信托资金投向上，基础产业的资金信托占比在 2017—2018 年间出现下降，2019 年和 2020 年均处于增长状态（见图 1-8），这与国家加强基础产业建设有较大关系。我国经济发展进入减速换挡期，进入提质增效新阶段，基础产业信托的发展步入新常态，基础产业信托仍具有持续发展空间。

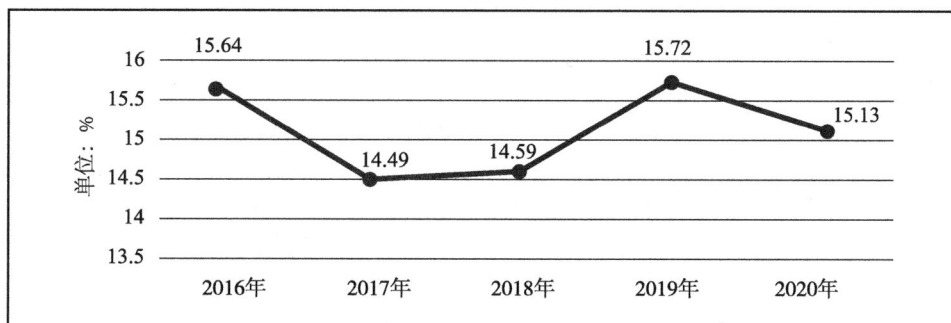

图 1-8   2016—2020 年基础产业资金信托占比变化趋势

资料来源：中国信托业协会。

2016—2020 年，金融机构的资金信托占比出现连续下降的态势（见图 1-9）。

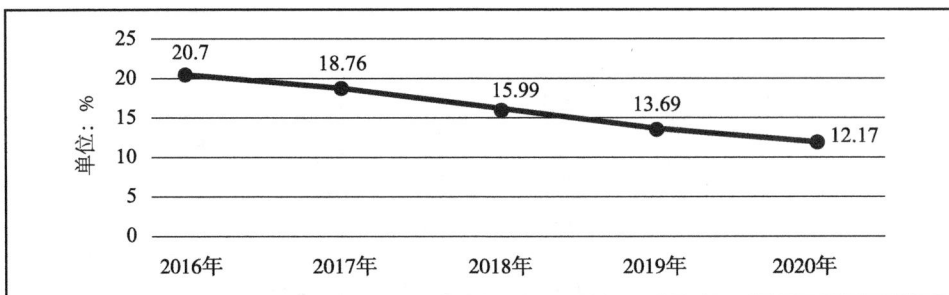

图 1-9　2016—2020 年金融机构资金信托占比变化趋势

资料来源：中国信托业协会。

2016—2020 年，工商企业的资金信托占比呈现连续上升趋势（见图 1-10）。

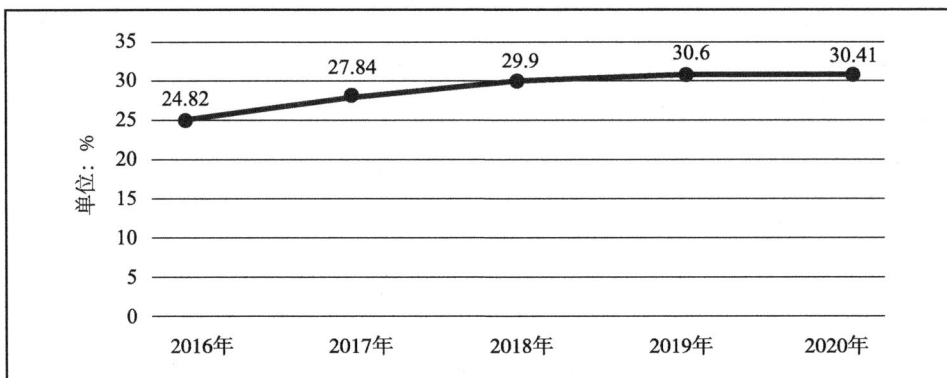

图 1-10　2016—2020 年工商企业资金信托占比趋势

资料来源：中国信托业协会。

房地产企业的资金信托占比在 2016—2019 年处于上升状态，主要原因可能在于其收益水平较高，对资金有较强的吸引力。然而在"房住不炒"的政策要求下，随着监管约束的不断强化，2019 年，房地产企业信托占比增长趋于停滞，2020 年出现下降，幅度为 −7.3%（见图 1-11）。

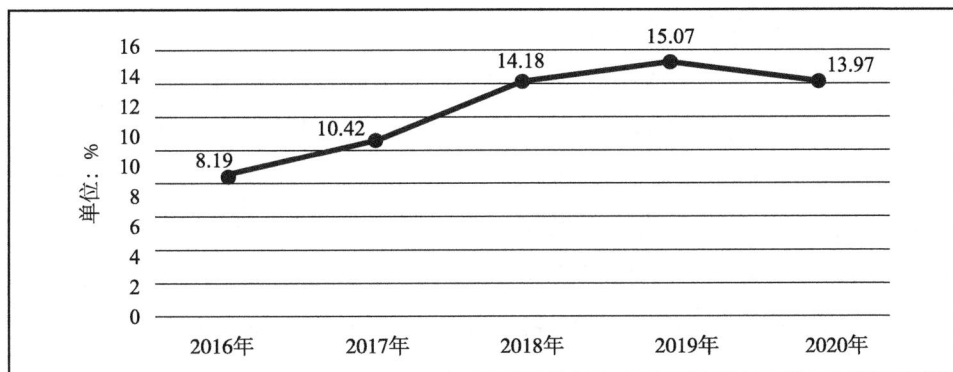

图 1-11　房地产企业资金信托占比变化趋势

资料来源：中国信托业协会。

投向证券市场的资金信托占比 2016—2019 年间处于持续下降的状态，2020 年占比出现大幅上升，幅度为 27.01%（见图 1-12）。

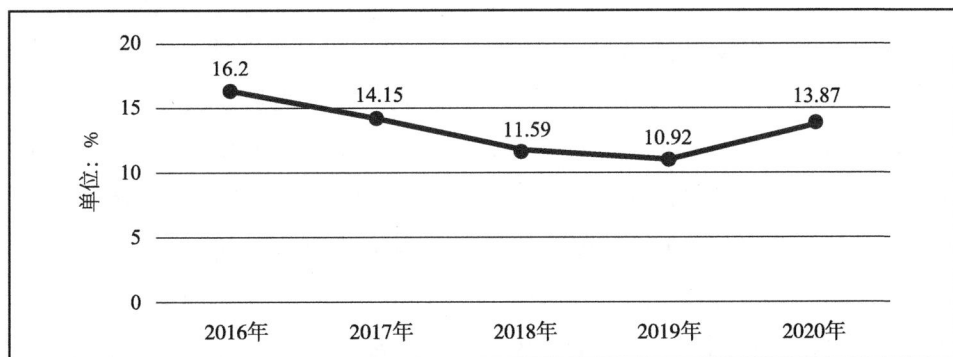

图 1-12　证券资金信托占比变化趋势图

资料来源：中国信托业协会。

总体而言，2016—2020 年间，在信托资金投向上，工商企业持续在资金配置中占据首位，金融机构占比在 2016—2018 年位于第二位，基础产业和房地产占比分别位于第三和第四位；而 2019—2020 年间，金融机构占比则从第二位下滑到第四位，基础产业和房地产占比分别位于第二和第三位，信托资金运用的结构优化趋势较为明显。

3. 信托回归服务实体经济本源

(1) 信托业务收入超过利息收入和投资收益成为行业的主要利润点。居民财富的不断增长，推动信托公司回归本源，信托公司必须提高资产管理、财富管理的能力，提供更好的受托服务。财产权信托、家族信托、慈善信托、保险金信托、资产证券化、普惠信托等本源业务成为信托业转型的焦点。2016—2020 年，信托公司信托业务收入占经营收入的比重分别为 67.16%、67.62%、63.83%、69.48%、70.39%，整体呈现上升的趋势（见表 1-22）。

表 1-22　信托公司信托业务收入占经营收入的比重

项目	2016年	2017年	2018年	2019年	2020年
信托公司信托业务收入占营业收入的比重	67.16%	67.62%	63.83%	69.48%	70.39%

资料来源：根据各信托公司年报整理。

(2) 家族信托取得强劲的发展。我国越来越多的高净值客户群体为家族信托的发展提供了更多机会。家族信托客户的需求不仅是追求理财产品的收益，更多是家族财产的全面管理和传承。家族信托的模式也进一步丰富，既有传统的定制型、套餐型等产品，又有联合家族办公室等多元化模式。以平安信托为例，家族信托产品线细分为保险金信托（由平安信托与平安人寿联合推出，兼具保险的保障功能和信托的财富传承、隔离和资产配置功能）、定制型家族信托（门槛为 1000 万元，可接受客户提供现金、保单相关权利、金融产品等多种委托资产类别）、专享型家族信托（门槛为 3000 万元，可充分按照客户的意愿，设置专享的资产传承方案与资产配置方案）、家族办公室模式家族信托（门槛 1 亿元，由平安信托承担受托职能，并联合委托人的家族办公室团队一起实现动态的专享家族事务管理以及资产配置功能）。截至 2018 年 9 月，平安家族信托客户数量超过 2000 人，管理规模近 70 亿元，平安信托家族信托业务得到全面升级。[①]

---

① 清华大学法学院金融与法律研究中心. 中国信托业发展报告（2020）[M]. 北京：中国经济出版社，2020.

（3）慈善信托障碍逐步消除，慈善信托发展迅速。2016 年 3 月 16 日，《中华人民共和国慈善法》发布，进一步扫除慈善信托发展障碍。同年 9 月，北京民政局下发《北京市慈善信托管理办法》，进一步界定了慈善信托、备案机构、程序及文件、信托财产管理、受托人与信托文件变更，慈善信托终止条件，信托信息公开要求及慈善信托监督管理等。2017 年 7 月 26 日，银监会、民政部联合印发《慈善信托管理办法》，进一步约定了慈善信托参与主体之间的关系。2017 年登记的慈善信托备案为 34 项，管理资产规模达到了 6.84 亿元。

（4）开展多种业务支持实体经济的发展。信托公司开展债权业务、股权业务等支持实体产业的发展和落后产能的转型升级，通过资产证券化盘活市场流动性，将社会闲置资金引入实体经济，与传统银行信贷形成互补。

4. 信托业监管渐趋严格

强监管成为信托业的新常态，监管主要体现在两个方面：风险防控体系的建设和机构业务合规性保障。

（1）将信托业务细分为八大类，加强分类监管。为了有针对性地进行风险监管，按照资产运用端的不同，将信托业务细分为八大类：债权信托、股权信托、标品信托、同业信托、公益（慈善）信托、财产信托、事务信托、资产证券化。债权信托有利于达不到银行贷款标准的小微企业通过信托获取资金支持，信托公司到期收回本息。股权信托有利于信托公司作为战略投资者或控股投资者投资非上市的企业法人，从股权增值获取收益。标品信托是指信托公司参与公开市场买卖，通过买卖差价获取收益。从事同业信托业务，信托公司要服从交易对手主要监管部门的穿透式监管。公益（慈善）信托的信托收益不能用资金来衡量，应主要关注公益目标的实现程度。财产信托主要强调信托公司的主动管理。事务信托则是信托公司按照委托人意愿进行的被动管理，需要信托公司用严格的制度来进行规范。资产证券化主要指信贷资产的证券化，即非标信贷资产。建立与信托的八类业务相符的风险监管体系，更加有针对性，避免信托产品模糊定位出现的监管真空。同期，为促进分类监管目标的实现，加强信托公司信息披露的监管，中国信托登记有限责任公司于 2016 年 12 月 19 日成立。

(2) 根据监管评级结果，对不同类别的信托公司区别对待。2016 年 3 月 18 日，银监会下发《关于进一步加强信托公司风险监管工作的意见》，从企业治理架构、风险管理框架、数据管理、风险评估、风险防控 5 个方面提出相关要求。银监会还发布了《信托公司监管评级办法》，监管部门将依托信托公司监管评级结果，对不同类别的信托公司在市场准入、监管措施、监管资源配置等方面区别对待。

(3) 加强对资产管理业务的监管，推动信托公司进行业务转型。2018 年以前，很多金融机构和信托公司合作，开展"通道"类业务，凭借着低风险、高收益、刚性兑付等特点，信托业务获得了投资者的青睐。但同时导致大量资金"脱实向虚"，在金融行业内部空转，给金融机构带来了很大的风险。2018 年 4 月 27 日，多部门联合发布实施《关于规范金融机构资产管理业务的指导意见》（以下简称"资管新规"），其核心思想是：从严控风险、服务实体经济、加强投资者保护、统一标准。"资管新规"对刚性兑付、多层嵌套、合格投资者以及资金池等监管政策的具体调整，给信托业带来了重大影响，其资产增速下降明显，信托业整体业绩下滑，信托公司开始进行经营转型。

(4) 加强监管落实，积极引导信托公司回归受托人定位。2019 年 8 月 8 日，银保监会下发《中国银保监会信托部关于进一步做好下半年信托监管工作的通知》，积极推进信托业"治乱象、去嵌套、防风险"等各项监管工作，将监管重点放在坚决遏制信托规模无序扩张、严厉打击信托市场违法违规行为、有力有效处置信托机构风险等方面。根据 2019 年度监管机构对信托业的最新要求，一要进一步压降通道信托规模，不得为其他金融机构的资产管理产品提供规避投资范围、杠杆约束等监管要求的通道服务；二要遏制房地产领域违规放款，强化房地产宏观政策执行，对房地产信托业务施行余额管控，要求房地产信托规模不得超过 2019 年 6 月月末的规模；三要深入开展全面风险排查，监管部门分别在 4 月、8 月、11 月底组织三次全面风险排查，引导信托行业强化风险防控和合规建设。四要规范股权和关联交易治理，银保监会正式发布《信托公司股权管理暂行办法》，进一步规范和完善了信托业股权监管制度体系，明确公司股东的资格要求和治理职责，提升机构公司治理的科学性、稳健性和有效性。

5. 金融科技赋能信托

在信托业务回归本源，服务实体经济的大背景下，具有普惠性质的信托产品成为信托公司业务转型的关注点。普惠主题的差异化特征也给信托业带来前所未有的风险，使传统的业务开展手段难以应对市场变化。以大数据、云计算、人工智能和区块链为代表的金融科技手段，为信托公司在信息采集、投资决策和风险管控等方面提供了技术支持。

(1) 区块链在信托业中的应用。2018年1月，万向信托在行业内首次将区块链技术应用到信托业务中，使信托公司在向投资者提供信托服务的同时，保障了投资者的信息安全。数字存证系统利用现代加密技术将所存数字资产进行防护，万向信托将区块链技术应用于数字存证系统以后，极大提高了业务数据存储的周密性和安全性。目前，该项目已正式在万向信托的家族信托业务中上线使用。

(2) 人工智能在信托业中的应用。人工智能技术的引入能有效解决金融机构内部工作量大、工作效率较低的困境。2019年1月，云南信托自主研发的"账务自动化处理机器人"（robotic process automation, RPA）正式上岗，它所关注的重点是一些具有规律的、重复性的办公流程，通过自动化来模拟不同系统（包括浏览器）之间的操作行为，从而取代人力，提升工作效率。云南信托利用RPA替代人工操作，将多项财务作业串联起来，实现自动化操作，再通过方便的账务查询服务，大大减少了财务员的工作量。具体而言，它具有如下功能：其一，实现自动化模拟登陆、查询不同界面的财务数据（余额、流水），进行数据抓取、保存等相关作业，全天候不间断自动校验项目流水是否已保存成功，避免人工操作的失误，确保财务数据的准确；其二，快速检索任意项目的账户余额和流水数据，解决了较多存续项目所导致的对账工作重复烦琐问题，缩减了人工工作量，有效提升财务人员的工作效率；其三，实现了相关业务数据与清算、估值系统的深度对接。①

（二）北京信托业发展具有独特性

1. 北京注册信托公司最多，信托公司地域分布集中度高

我国目前有 68 家信托公司，注册地分布在 28 个城市（见表 1-23）。从表 1-23 中可以看出，信托公司注册地集中在北京、上海、广东、浙江和江苏，其中在北京注册的信托公司数量最多，共有 12 家，占比为 18%。信托公司集中度较高的第二个城市是上海，共有 7 家，占比为 10%。广东和浙江的信托公司数量并列第三位，均为 5 家，各占比 7%。此外，江苏共有 4 家托信公司，占比为 6%。这 5 个城市共占比 48%，其余 23 个注册地的信托公司占比为 52%。信托公司从地域分布上总体呈现集中度高的特点，主要集中在经济比较发达的东部城市。

表 1-23 信托公司分布情况

序号	省（市、自治区）	信托公司数量	备注
1	北京	12家	北京信托、国民信托、国投信托、华鑫信托、金谷信托、民生信托、外贸信托、英大信托、中诚信托、中粮信托、中信信托、建信信托
2	上海	7家	上海国际信托、华宝信托、中海信托、华澳信托、中泰信托、安信信托、爱建信托
3	广东	5家	大业信托、东莞信托、粤财信托、平安信托、华润深国投信托
4	浙江	5家	昆仑信托、杭州工商信托、万向信托、浙金信托、中建投信托
5	江苏	4家	国联信托、江苏信托、苏州信托、紫金信托
6	陕西	3家	陕国投信托、西部信托、长安信托
7	天津	2家	天津信托、北方信托

---

① 清华大学法学院金融与法律研究中心.中国信托业发展报告（2021）[M].北京：中国经济出版社,2021.

序号	省（市、自治区）	信托公司数量	备注
8	重庆	2家	新华信托、重庆信托
9	内蒙古	2家	华宸信托、新时代信托
10	河南	2家	百瑞信托、中原信托
11	福建	2家	兴业信托、厦门信托
12	新疆	2家	华融信托、长城新盛信托
13	山东	2家	山东信托、陆家嘴信托
14	辽宁	1家	华信信托
15	江西	2家	中江信托、中航信托
16	湖北	2家	方正信托、交银信托
17	四川	2家	四川信托、中铁信托
18	黑龙江	1家	中融信托
19	吉林	1家	吉林信托
20	河北	1家	渤海信托
21	山西	1家	山西信托
22	云南	1家	云南信托
23	青海	1家	五矿信托
24	甘肃	1家	光大信托
25	湖南	1家	湖南信托
26	西藏	1家	西藏信托
27	贵州	1家	华能贵诚信托
28	安徽	1家	国元信托

资料来源：根据各信托公司公布的注册地整理。

2. 北京信托公司从业人员规模逐渐增加

信托公司的从业人员招聘基本上不走校园招聘通道，其员工主要来源于银行和券商。北京 12 家信托公司从业人员总体规模处于上涨趋势，在从 2016 年到 2020 年的 5 年间，增长率分别为 16.27%、7.22%、9.85%、3.31%，增长率波动比较大。信托公司从业人员年龄整体年轻化，5 年间 40 岁以下的员工占比分别为77.76%、80.6%、80.2%、79.45%、78.8%。信托公司高学历人员（硕士和博士）人数占员工总数的比例分别为63.16%、63.89%、65.34%、65.94%、66.38%。岗位分布中，信托业务是信托公司的主营业务，人员占比一直维持在60%左右。自营业务人员占比不高，保持在2%~3.6%之间（见表1-24）。

表1-24　北京12家信托公司人力资源分析情况

<table>
<tr><th colspan="2" rowspan="2">项目</th><th colspan="2">2016年</th><th colspan="2">2017年</th><th colspan="2">2018年</th><th colspan="2">2019年</th><th colspan="2">2020年</th></tr>
<tr><th>人数
（人）</th><th>占比
（%）</th><th>人数
（人）</th><th>占比
（%）</th><th>人数
（人）</th><th>占比
（%）</th><th>人数
（人）</th><th>占比
（%）</th><th>人数
（人）</th><th>占比
（%）</th></tr>
<tr><td rowspan="4">年龄分布</td><td>25岁以下</td><td>58</td><td>1.88%</td><td>63</td><td>1.76%</td><td>55</td><td>1.43%</td><td>41</td><td>0.97%</td><td>33</td><td>0.76%</td></tr>
<tr><td>25~29岁</td><td>828</td><td>26.85%</td><td>995</td><td>27.75%</td><td>966</td><td>25.12%</td><td>873</td><td>20.67%</td><td>796</td><td>18.24%</td></tr>
<tr><td>30~39岁</td><td>1,512</td><td>49.03%</td><td>1 832</td><td>51.09%</td><td>2,063</td><td>53.65%</td><td>2,442</td><td>57.81%</td><td>2 600</td><td>59.58%</td></tr>
<tr><td>40岁以上</td><td>686</td><td>22.24%</td><td>696</td><td>19.41%</td><td>761</td><td>19.79%</td><td>868</td><td>20.55%</td><td>935</td><td>21.43%</td></tr>
<tr><td rowspan="5">学历分布</td><td>博士</td><td>105</td><td>3.37%</td><td>123</td><td>3.39%</td><td>116</td><td>2.96%</td><td>126</td><td>2.93%</td><td>129</td><td>2.90%</td></tr>
<tr><td>硕士</td><td>1 865</td><td>59.79%</td><td>2 198</td><td>60.50%</td><td>2 441</td><td>62.38%</td><td>2 710</td><td>63.01%</td><td>2 821</td><td>63.48%</td></tr>
<tr><td>本科</td><td>1 021</td><td>32.73%</td><td>1 170</td><td>32.20%</td><td>1 210</td><td>30.92%</td><td>1 339</td><td>31.13%</td><td>1 378</td><td>31.01%</td></tr>
<tr><td>专科</td><td>103</td><td>3.30%</td><td>104</td><td>2.86%</td><td>105</td><td>2.68%</td><td>105</td><td>2.44%</td><td>101</td><td>2.27%</td></tr>
<tr><td>其他</td><td>25</td><td>0.80%</td><td>38</td><td>1.05%</td><td>41</td><td>1.05%</td><td>21</td><td>0.49%</td><td>15</td><td>0.34%</td></tr>
<tr><td rowspan="4">岗位分布</td><td>董事、监事及高管人员</td><td>130</td><td>4.18%</td><td>114</td><td>3.16%</td><td>118</td><td>3.07%</td><td>118</td><td>2.79%</td><td>120</td><td>2.77%</td></tr>
<tr><td>自营业务人员</td><td>111</td><td>3.57%</td><td>102</td><td>2.83%</td><td>107</td><td>2.78%</td><td>95</td><td>2.25%</td><td>91</td><td>2.10%</td></tr>
<tr><td>信托业务人员</td><td>1 923</td><td>61.83%</td><td>2 255</td><td>62.59%</td><td>2 401</td><td>62.44%</td><td>2 574</td><td>60.97%</td><td>2 647</td><td>61.03%</td></tr>
<tr><td>其他人员</td><td>946</td><td>30.42%</td><td>1 132</td><td>31.42%</td><td>1 219</td><td>31.70%</td><td>1 435</td><td>33.99%</td><td>1 479</td><td>34.10%</td></tr>
<tr><td colspan="2">公司职工总数（人）</td><td colspan="2">3 084</td><td colspan="2">3 586</td><td colspan="2">3 845</td><td colspan="2">4 224</td><td colspan="2">4 364</td></tr>
</table>

资料来源：根据北京地区12家信托公司年度报告整理。

（三）北京信托业的产品创新有突破

近年来，北京信托业的产品创新发展情况始终位于全国前列。2016年度，信托新产品发行地主要集中于北京和"珠三角""长三角"等沿海地区，发行规模占比超过50%；北京、南昌、上海排名前三，其中，北京新产品发行规模占比为28.67%，远远高于其他城市。北京地区信托公司纷纷结合自身专长，进行信托产品的创新。如中信信托在股权投资信托业务中，积极进行投资领域的探索和创新。中信信托依托国家战略新兴产业政策，以高端制造为切入点，聚焦具备高技术壁垒、市场空间大、潜在盈利能力强的先进技术企业，参与了星际荣耀天使轮Pre-A轮融资。中信信托持股的中信聚信资本管理公司管理的基金——中信惠科基金合计投资金额为4269万元，股权占比为6.43%。2019年7月25日，星际荣耀的双曲线一号运载火箭在我国酒泉卫星发射中心成功发射，实现了我国民营运载火箭零的突破。[①]

五、北京网络贷款业"十三五"期间发展状况

（一）全国网络贷款业增长迅猛

2007年6月，"拍拍贷"正式成立，成为我国第一家网络信用借贷平台，从此拉开了国内网络贷款行业（P2P）起起落落的序幕。P2P网络贷款行业先后经历了从相对宽松市场环境下的快速扩张期，到乱象丛生的野蛮增长期，再到爆发式增长下的爆雷潮以及最后的监管政策调整期。

2015年12月，"宜人贷"在美国纽交所成功上市，成为我国互联网金融海外上市第一股。截至2015年年底，网络贷款借贷交易的市场规模接近1万亿元，全国从事P2P网络贷款行业业务的平台数量达到了3435家，平台数量和交易规模均达历史峰值。不巧的是，也就在2015年12月，全国非常著名的网络贷款公司"e租宝"爆雷，涉及金额700亿元，波及网民90万人。在这样的机遇与风险并存的基调下，P2P网络贷款行业跌跌撞撞地进入了"十三五"的关键发展时期。

---

① 中航信托股份有限公司.信托行业创新发展年度报告（2019—2020）[EB/OL].[2022-05-28].https://baijiahao.baidu.com/s?id=1705885727605162682&wfr=spider&for=pc.2021.07.

纵观"十三五"期间 P2P 网络贷款行业的发展，每年都可以用一个关键词来概括当年的行业主题。2016 年是"调整"，2017 年是"合规与组团上市"，2018 年是"爆雷潮"，2019 年是"清退转型"，2020 年是"完全清零"。其实，早在 2016 年，P2P 网络贷款行业的增速已经明显变慢。从贷款余额看，在经历了 2014 年 287%、2015 年 324% 的爆发式增长后，2016 年开始减少到了 101% 的增长水平。增长变慢的逻辑，是行业正在经历明确定位、转型调整的过程。2016 年 3 月，中国互联网金融协会正式成立，旨在通过自律管理和会员服务，规范从业机构市场行为，保护行业合法权益，推动从业机构更好地服务社会经济发展，引导行业规范健康运行。

2017 年，是 P2P 网络贷款行业的"合规规范年"，各类重磅监管文件密集出台，网络贷款行业银行存管、备案、信息披露三大主要合规政策悉数落地；对各地完成辖区内主要 P2P 网络贷款行业机构的备案登记工作明确了具体的整改和备案时间表。这一年，互联网金融专项整治也在继续，备受争议的"校园贷""现金贷"迎来了强监管。2017 年 4 月，上海 P2P 网络贷款行业平台"信而富"在美国纽交所上市；2017 年 11 月，北京 P2P 网络贷款行业平台"和信贷"在美国纳斯达克上市；同月，我国首家 P2P 网络贷款行业平台"拍拍贷"在美国纽交所挂牌上市，成为当时全球市值最大的 P2P 网络贷款行业平台。

2018 年，政策的密集出台和问题事件的频发穿插着 P2P 网络贷款行业一整年的发展，P2P 网络贷款行业经历了备案延期到平台加速出清的过程。一方面，为求新生，P2P 网络贷款行业公司上市潮仍在持续，但受整个行业风险爆发等影响，P2P 多数网络贷款行业上市公司跌破发行价，整体股价表现较为惨烈。另一方面，最严资产管理新规相继落地，P2P 网络贷款行业违规存量不予备案；中国银保监会正式挂牌，网络贷款被明确纳入监管范围；行业爆雷潮集中出现，四大 P2P 网络贷款行业高返利平台全线阵亡。

2019 年初尚且存活的 P2P 网络贷款行业公司刚缓过神来，又迎来年初《关于做好网贷机构分类处置和风险防范工作的意见》首提"坚持以机构退出为主要工作方向"，这奠定了 2019 年整个行业清退转型的主基调。2019 年 3 月，"团贷网"以涉嫌非法吸收存款被立案侦查；7月，"陆金所"宣布计划退出 P2P 网络贷款行业业务，被业界解读为备案终止的信号；9月，公安部深入打击"套路贷"违法犯罪活动，第三方大数据公司接连被查；10月，湖南省地方金融监督管理局发文对省内 P2P 网络贷款行业公司全部取缔，之后山东、河南等 8省市均发文取缔辖区内全部 P2P 网络贷款行业平台。2019 年 11 月，互联网金融风险专项整治工作领导小组办公室、网络借贷风险专项整治工作领导小组办公室联合印发《关于网络借贷信息中介机构转型为小额贷款公司试点的指导意见》，引导部分符合条件的 P2P 网络贷款行业机构转型为小额贷款公司、持牌消费金融公司和助贷机构。同年，就有不少头部平台开始转型助贷，或者转向金融机构输出金融科技技术服务。

2020 年年初，中国人民银行召开 2020 年金融市场工作会议，提出要"多措并举，彻底化解互联网金融风险，建立完善互联网金融监管长效机制"。全年防范化解金融风险攻坚战取得重要阶段性成果，互联网金融风险大幅压降，全国实际运营的 P2P 网络贷款行业机构由高峰时期的约 5000 家逐步压降，到当年 11 月份中旬已全部清零。

"十三五"期间末，如火如荼的 P2P 网络贷款行业暂时性地退出了历史舞台，互联网金融公司面临着完全退出市场或者转型发展的新局面，成为我国金融发展史上一段不能忘却的历史。

（二）北京网络贷款业有序规范

"十三五"期间，北京地区 P2P 网络贷款行业的发展情况，也是全国 P2P 网络贷款行业的一个具体缩影。本书选取几个关键指标来进行观察和分析，可以从区域视角更深入地诠释 P2P 网络贷款行业的发展状况。

1. 平台数量逐步下降

P2P 网络贷款行业平台数在 2015 年到达一个峰值之后，从 2016 年开始持续下降，一直到 2020 年清零（见图 1-13）。与之相对的是，转型停业平台以及问题平台数量在 2016—2019 年逐年增加，这与"爆雷"事件频发，P2P 网络贷款行业监管政策逐步加强是相对应的（见图 1-14）。

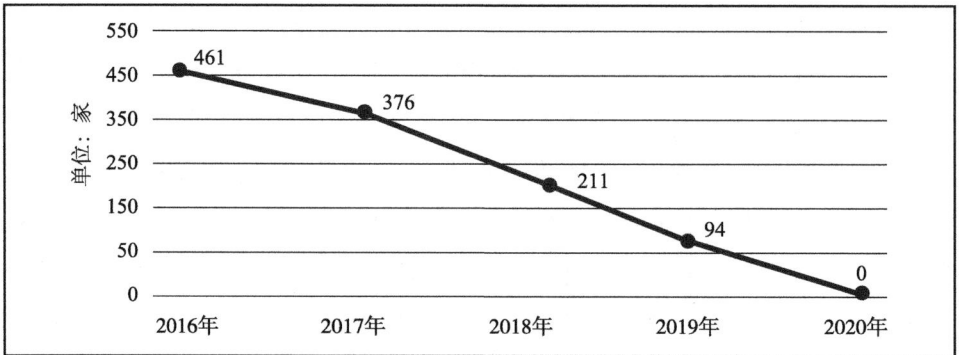

图 1-13　北京地区 P2P 网络贷款行业平台数量变化

资料来源：根据"网贷之家"网站数据整理。

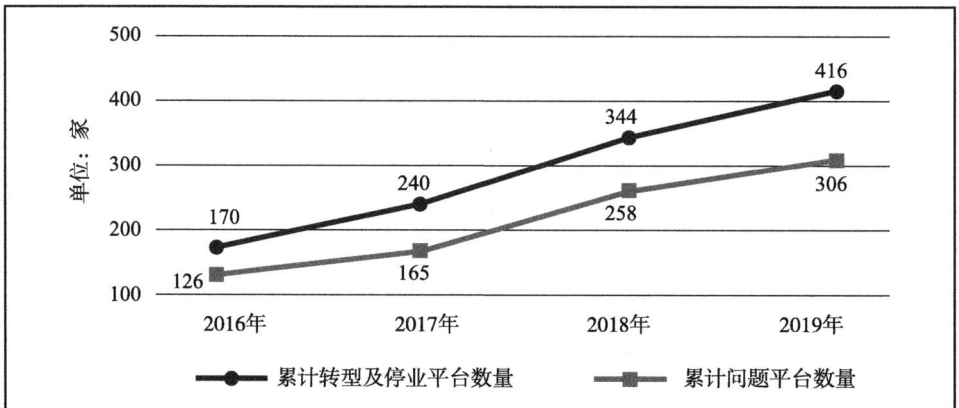

图 1-14　北京地区 P2P 网络贷款行业转型及停业平台、问题平台数量变化

资料来源：根据网贷之家网站数据整理。

2. 成交量与贷款余额逐步回落

从 P2P 网络贷款行业的成交量来看，2016 年、2017 年的成交量延续之前的上涨趋势，2017 年到达峰值之后，成交量开始回落（见图 1-15）。受到成交量的影响，贷款余额呈现出一致的变化趋势（见图 1-16）。

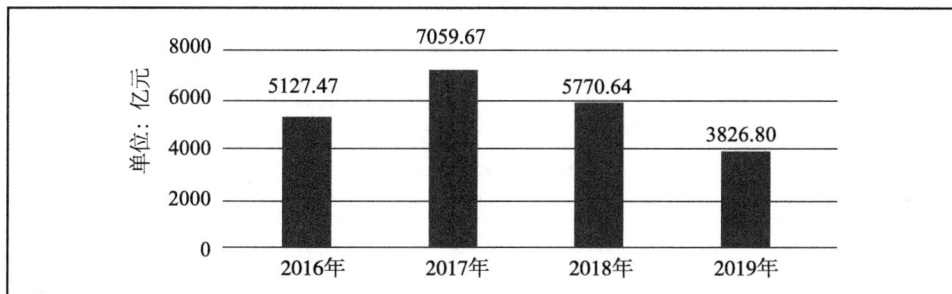

图1-15　北京地区网络贷款成交量变化

资料来源：根据"网贷之家"网站数据整理。

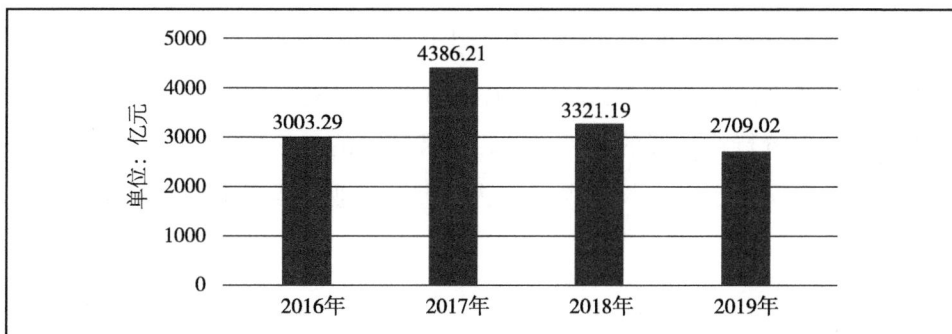

图1-16　北京地区网络贷款余额变化

资料来源：根据"网贷之家"网站数据整理。

3. 综合收益率与借款期限持续下降

从P2P网络贷款行业的综合收益率来看，该指标从2016年开始一直在延续2013年以来整体下行的走势，直到2018年才有所回升。这种现象的出现，主要原因是2018年下半年开始P2P网络贷款行业的负面舆情不断增多，在一定程度上使得资金出借人的信心下降，很大一部分P2P网络贷款行业平台为吸引新的资金出借人和提高老用户留存率，进行了加息活动（见图1–17）。

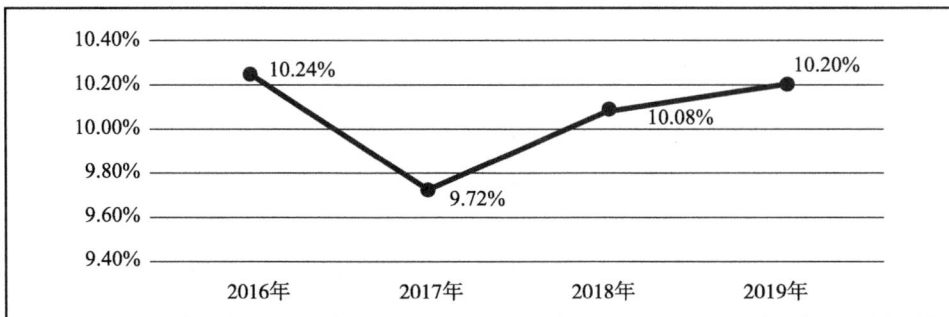

图 1-17　北京地区网络贷款综合收益率变化

资料来源：根据"网贷之家"网站数据整理。

从 P2P 网络贷款行业的平均借款期限来看，该指标从 2014 年开始就一直呈现拉长的趋势，进入"十三五"期间，这个趋势更趋明显。这个现象的出现，主要是因为随着行业发展的日趋成熟，正常运营的 P2P 网络贷款行业平台特别是大平台更倾向于发布长期项目，从而带动行业平均借款期限的延长（见图 1-18）。

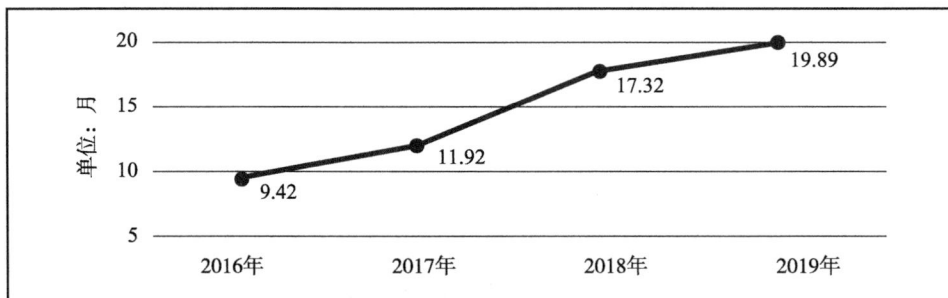

图 1-18　北京地区网络贷款平均借款期限变化

资料来源：根据"网贷之家"网站数据整理。

六、北京金融科技创新与应用发展迅速

（一）北京金融科技行业领先发展

2021 年 3 月，在英国智库 Z/Yen 集团与中国（深圳）综合开发研究院发

布的《全球金融中心指数（GFIC）报告》中，北京的金融中心指数排在全球十大金融中心的第六位，金融科技指数排名全球第三。在浙江大学互联网金融研究院司南研究室等多方发布的《2020 全球金融科技中心城市报告》中，北京是连续两年总排名世界第一的全球金融科技中心。

在政府的规划、支持和管理下，北京金融科技行业形成了"一区一核、多点支撑"的空间布局，集聚效应突出。以西城区北展区域、德胜区域、广安区域和海淀区北下关区域、中关村大街沿线区域为主体，建设形成北京金融科技与专业服务创新示范区，其中包含 60 万平方米的示范区核心区，吸引培育技术研发和场景应用能力较强的金融科技企业超过 100 家，实现年收入千亿元的重大突破。在海淀区北清路沿线区域、四季青区域及五道口区域形成了金融科技底层技术创新集群，在石景山区银行保险产业园形成了银行保险科技产业集群，在房山区北京互联网金融安全示范产业园形成了金融科技安全产业集群，在通州区金融科技国际产业园形成了财富管理产业集群。

（二）北京金融科技行业发展动因足

北京作为全国科技创新中心和国家的金融管理中心，发展金融科技行业具有得天独厚的资源禀赋优势，同时，金融科技发展为科技创新提供了最新的应用场景，为开展金融监管提供了最新的工具和手段。北京金融科技产业发展是政策、金融、科技和监管共同驱动的结果。

1.北京是制度标准策源地，政策驱动金融科技发展

作为我国首都，北京是中国人民银行、中国银保监会、中国证监会等众多金融监管机构总部所在地，政策优势明显，不仅率先出台我国首份金融科技发展规划，更率先启动国家级金融科技示范区建设。北京是全国第一个服务业扩大开放综合试点城市。在 2019 年 1 月国务院批复的北京新一轮服务业扩大开放 177 项试点任务中，涉及金融业的任务占比约为 25%。2020 年 8 月，国务院颁布《关于深化北京新一轮服务业扩大开放综合试点建设国家服务业扩大开放综合示范区工作方案的批复》，指出以金融街、国家级金融科技示范区、丽泽金融商务区为主阵地，打造金融科技创新示范区；进一步支持依

法开展金融科技创新活动；支持金融机构和大型科技企业依法设立金融科技公司；探索开展适合科技型企业的个性化融资服务；在北京设立国家金融科技风险监控中心。

其实，从 2018 年开始，北京就出台多项政策，对金融科技的发展做出了政策规划（见表 1-25）。同时，在政府的指导或支持下，成立中关村互联网金融研究院、北京金融科技研究院等社会团体及机构以加强金融科技技术创新、促进技术成果转化，培育金融科技产业链。例如，中关村互联网金融研究院根据金融科技全产业发展情况，制作完成中国金融科技产业链图，从科技支撑到成果转化，再到产业主体，最后到场景应用形成了完整的产业链。科技支撑主要包括人工智能、分布式技术、安全技术、互联技术和大数据；成果转化主要包括孵化器、加速器，研究机构、行业自律组织和专业服务机构；参与主体包括四类企业：传统金融企业，互联网巨头企业/平台，新兴的互联网金融企业、技术支持服务机构；场景应用主要涵盖金融服务、安全监管、生活服务、城市治理等；底层是基础设施，包括监管科技、大数据征信、支付清算、IT 系统升级和交易市场。

表 1-25　北京多项政策支持金融科技发展

时间	发布单位	政策	主要内容
2018年1月	北京市海淀区人民政府	《关于进一步加快推进中关村科学城建设的若干措施》	提出科技金融融合创新计划，探索实施"龙门计划"，加速推动一批科技型企业上市；支持人工智能、区块链、云计算、生物识别、量化投资等金融科技发展，开拓科技和金融融合发展的新路径；支持建设面向金融科技的技术孵化型、产业孵化型创业服务机构
2018年8月	北京市海淀区人民政府	《关于促进国家科技金融创新中心建设发展的若干意见》	旨在进一步强化科技金融功能和空间布局，提高创新创业生态环境"含金量"，着力构建涵盖创新链、产业链、价值链和企业全生命周期的科技金融服务政策体系、空间载体和工作机制，深入推动国家科技金融创新中心建设

续表

时间	发布单位	政策	主要内容
2018年10月	中关村科技园区管理委员会、北京市金融工作局、北京市科学技术委员会	《北京促进金融科技发展规划（2018年—2022年）》	努力把北京建设成为具有全球影响力的国家金融科技创新与服务中心，形成"首都特色、全国辐射、国内示范、国际标准"的金融科技创新示范体系。该规划共分为四个部分：一是规划背景与目标思路，明确金融科技的定义与特点，分析北京发展金融科技的机遇与优势，提出指导思想、基本原则和发展目标；二是重点任务，包括推动金融科技底层技术创新和应用、加快培育金融科技产业链、拓展金融科技应用场景；三是空间布局，打造形成"一区一核、多点支撑"的发展格局；四是政策保障，包括开展金融科技制度创新，加强重点政策支持，实施保障措施
2018年11月	北京市金融工作局、中关村科技园区管理委员会、北京市西城区人民政府、北京市海淀区人民政府	《关于首都金融科技创新发展的指导意见》	共分为三个部分：一是总体思路与发展目标。分析北京发展金融科技、建设北京金融科技与专业服务示范区的必要性，提出总体思路和发展目标。二是主要内容。包括支持金融科技术研发、基础设施建设、加强金融科技场景应用、建设金融科技示范区、防控金融科技风险等十一个方面重要工作举措。三是保障措施。从组织协调、激励扶持、宣传引领、完善服务、风险防控等五方面提出政策的落地保障
2018年12月	北京市海淀区人民政府、中关村科技园区管理委员会	《关于促进海淀区金融科技产业创新发展的若干措施》	按照北京关于西城、海淀共建金融科技和专业服务创新示范区及核心区的部署，聚焦行业发展、空间聚集、企业成长、创新引领、资本支持、行业交流和环境优化七个方面，大力扶持金融科技创新发展
2018年12月	北京市西城区人民政府、中关村科技园区管理委员会	《关于支持北京金融科技与专业服务示范区（西城区域）建设的若干措施》	支持金融科技企业和专业服务机构入驻和发展，支持金融科技企业提升自主创新能力，争取金融监管部门在示范区设立监管实验区，大力拓展金融科技应用场景，支持金融科技优秀人才发展，支持金融界、科技界国内国际交流合作，支持金融科技企业开展多渠道融资，支持高端要素聚集，鼓励金融科技领域孵化加速和协同创新等专业服务体系建设等

时间	发布单位	政策	主要内容
2019年2月	北京市科学技术委员会、中关村科技园区管理委员会	《〈中关村国家自主创新示范区促进科技金融深度融合创新发展支持资金管理办法实施细则〉(试行)》	吸引金融科技企业在金融科技功能区聚集,支持金融科技底层关键技术创新,支持金融科技领域重大基础设施建设,支持拓展金融科技应用场景。支持企业在中关村示范区发起设立服务创新创业的征信、支付、银行、证券、保险等金融机构,并获得国家或北京金融监管部门批复的业务资质或金融牌照,给予企业补贴。

资料来源:根据中关村互联网金融研究院、"首都之窗"网站资料整理。

2. 北京金融机构多,业务规模大,市场驱动金融科技发展

2020年,北京共有银行业金融机构4663个,从业人员122806人,资产总额为28.64万亿元,同比增长9.10%。2020年,北京共有上市公司381家,总部设在辖区的证券公司17家,基金公司36家,期货公司19家。2020年,北京国内股票(A股)筹资额为1594亿元,国内债券筹资额为13260亿元,其中短期融资券筹资额为2476亿元,中期票据筹资额为1002亿元。2020年,北京总部设在辖内的保险公司共有45家,其中,财产险经营主体14家,寿险经营主体31家;保险公司分支机构共有112家,其中,财产险公司分支机构49家,寿险公司分支机构63家。保费收入共2302.9亿元,其中,财产险保费收入共523亿元,占比为22.71%;人身险保费收入为1780亿元,占比为77.29%。北京金融行业发展稳健,金融机构多,规模大,为金融科技创新提供了资金和人才基础,客户群体大,金融科技使用者占比达83.9%,金融科技体验排名全球第五,为金融科技发展提供了客户基础。截至2020年年底,北京共集聚了13家金融科技上市企业、60家未上市高融资金融科技企业,数量分居全球第一和第二位。各大金融机构,特别是银行不断加大金融科技投入,金融科技人才也不断增长(见表1-26)。

表1-26　2020年部分总部设在北京的银行金融科技投入与金融科技人才数量

银行	金融科技投入（亿元）	金融科技人才数量（人）	金融科技人才占员工总数比例（%）
工商银行	238.19	35 400	8.1
建设银行	221.09	14 012	3.79
农业银行	183	8 056	1.8
中国银行	167.07	——	——
邮政储蓄银行	90.27	4 000	——
光大银行	51.50	1 965	4.24

资料来源：新金融琅琊榜。

3. 北京建设国际科技创新中心，科技驱动金融科技发展

2016年9月，国务院印发《北京加强全国科技创新中心建设总体方案》，明确了北京加强全国科技创新中心建设的总体思路。《中共中央关于制定国民经济和社会发展第十四个五年规划和二〇三五年远景目标的建议》提出，布局建设综合性国家科学中心和区域性创新高地，支持北京、上海、粤港澳大湾区形成国际科技创新中心。北京拥有90多所大学、1000多所科研院所和近3万家国家级高新技术企业，在人工智能领域的有效发明专利居全球首位，科技基础雄厚、创新资源集聚、创新主体活跃。特别是北京大量高校和科研院所资源，城市科研及名校综合实力位列全球第五，中国第一，创新能力突出，诸多高校院所发起设立的金融科技研究机构和学术组织已在金融科技研究方面处于领先地位，为发展金融科技提供了坚实的人才储备和技术发展基础。截至2019年8月底，北京地区两院院士人数达到了778人，占全国的比重为47.8%，科研实力雄厚；2018—2019年，北京大学发起设立了金融科技研究中心、区块链研究中心；清华大学发起设立了金融科技研究院，与蚂蚁金服、阿尔山金融科技公司分别组建金融科技联合实验室和区块链技术联合研究中心；中国科学院大学发起设立金融科技发展中心；中国社会科学院发起设立国家金融与发展实验室；中关村互联网金融研究院发起设立了"金融科技创新研

究中心""区块链安全研究中心";中央财经大学金融学院设立了金融科技系，定位于培养金融科技复合型专业人才。2017年7月，北京财贸职业学院设立金融科技系，着力培养金融科技应用人才。

4. 北京是金融科技监管体系引领者，监管驱动金融科技发展

北京形成了"1+3+N"的互联网金融监管体系，即以自律监管为依托，以产品登记、信息披露、资金托管三大监管措施为核心，以行业大数据平台、托管平台、行业并购基金、行业风险处置机制等为一体的互联网金融监管体系。创新性开发"冒烟指数"和监测预警平台，不断探索金融科技监管创新机制，驱动金融科技健康、持续发展。2019年12月，北京在全国率先启动金融科技创新监管试点即"监管沙盒"，并在2020年1月向社会公示首批创新应用。截至2020年12月，北京已累计公示了三批次共计22项应用，在创新应用数量、技术应用场景及申请主体多元化方面保持全国领先。

（三）北京金融科技创新能力强

截至2020年12月，全国共公示了三批合计69个金融科技创新监管试点项目，其中北京22个占比为32%（见表1-27），项目总数居全国9个试点城市（或地区）之首，处于领跑地位。

表1-27 北京的金融科技创新监管试点项目

序号	申请参与机构	项目名称	时间	批次
1	中国工商银行股份有限公司	基于物联网的物品溯源认证管理与供应链金融	2020年1月	一批
2	中国农业银行股份有限公司	微捷贷产品	2020年1月	一批
3	中信银行股份有限公司申请，中国银联股份有限公司、北京度小满支付科技有限公司、携程(上海华程西南国际旅行社有限公司)参与	中信银行智令产品	2020年1月	一批
4	中信百信银行股份有限公司	AIBank Inside产品	2020年1月	一批
5	宁波银行股份有限公司	快审快贷产品	2020年1月	一批

续表

序号	申请参与机构	项目名称	时间	批次
6	中国银联股份有限公司申请，小米数字科技有限公司、京东数字科技控股有限公司参与	手机POS创新应用	2020年1月	一批
7	中国工商银行股份有限公司	基于智能机器人的移动金融服务项目	2020年6月	二批
8	中国银行股份有限公司	基于区块链的产业金融服务	2020年6月	二批
9	中国建设银行股份有限公司	5G+智能银行	2020年6月	二批
10	北京银行股份有限公司	普惠小微企业贷服务	2020年6月	二批
11	中国人寿财产保险股份有限公司、中国人寿财产保险股份有限公司北京分公司	"一路行"移动终端理赔产品	2020年6月	二批
12	腾讯云计算（北京）有限责任公司、北京小微企业金融综合服务有限公司、上海浦东发展银行股份有限公司北京分行	"多方数据学习'政融通'在线融资项目"	2020年6月	二批
13	中国电信集团系统集成有限责任公司、天翼电子商务有限公司	天翼智能风险监控产品	2020年6月	二批
14	国网征信有限公司、中国邮政储蓄银行股份有限公司	国网智能图谱风控产品	2020年6月	二批
15	中金金融认证中心有限公司、中国民生银行股份有限公司	移动金融云签盾	2020年6月	二批
16	国家计算机网络与信息安全管理中心、北京中关村银行股份有限公司、中信百信银行股份有限公司、中国民生银行股份有限公司北京分行	基于区块链的企业电子身份认证信息系统（eKYC）	2020年6月	二批
17	拉卡拉支付股份有限公司	智能云小店服务	2020年6月	二批
18	中国光大银行股份有限公司	"光信通"区块链产业金融服务	2020年12月	三批
19	中国农业银行股份有限公司	"链捷贷"产品	2020年12月	三批

序号	申请参与机构	项目名称	时间	批次
20	中国民生银行股份有限公司、北京逸风金科软件有限公司	基于物联网技术的中小企业融资服务	2020年12月	三批
21	北京融合云链科技有限公司、平安银行股份有限公司北京分行	基于区块链的国家电投供应链金融平台	2020年12月	三批
22	北京中科金财科技股份有限公司、上海浦东发展银行股份有限公司北京分行	基于API的场景适配中台产品	2020年12月	三批

资料来源：中国人民银行营业管理部网站整理。

1. 大数据技术在金融业中的发展与应用

大数据技术在金融业中的应用范围较广，通过引入外部数据，可以加快数据价值的变现。通常会引入的外部数据包括社交数据、电商交易数据、移动大数据、运营商数据、工商司法数据、公安数据、教育数据和银联交易数据等。

(1) 大数据技术在银行业的应用场景。银行大数据应用场景主要集中于客户画像、精准营销、风险管控、运营优化。通过人口统计学特征、消费能力、兴趣、风险偏好等数据为个人客户画像；通过企业的生产、流通、运营、财务、销售和客户数据，以及相关产业链的上下游等数据为企业客户画像。

金融科技应用创新案例 1-1：天翼智能风险监控产品

天翼智能风险监控产品使用公司内部多维度多平台数据打造统一风控数据模型，构建多维用户风险画像和风控双决策引擎（实时在线引擎、实验室离线引擎），提供精准高效的风险识别能力和实时风险拦截能力，助力反欺诈、反洗钱、反套利等金融场景。

资料来源：中国人民银行营业管理部网站。

在客户画像的基础上，银行可以有效地开展精准营销。例如，根据客户的实时状态来进行实时营销，进行不同业务或产品的交叉营销；根据客户的喜好进行服务或者银行产品的个性化推荐，实施新客户获取、客户防流失和客户赢回等客户生命周期管理。

利用大数据技术评估中小企业贷款风险，识别欺诈交易，帮助银行降低风险，具体就是将企业的生产、流通、销售、财务等相关信息与大数据挖掘方法相结合进行贷款风险分析，量化企业的信用额度，更有效地开展中小企业贷款。银行也可以利用持卡人基本信息、银行卡基本信息、交易历史、客户历史行为模式、正在发生行为模式等，结合智能规则引擎进行实时的交易反欺诈分析。

金融科技应用创新案例1-2：多方数据学习"政融通"在线融资项目

腾讯云计算北京有限公司联合浦发银行北京分行开发的"多方数据学习'政融通'在线融资项目"，在保障数据安全（参与主体数据不离开本地）和个人隐私的前提下，基于大数据、机器学习技术，使用多方数据（互联网大数据、政务大数据、金融大数据）进行联合建模，向金融机构提供风控产品，增强金融机构的风控能力。使用多方数据建立创新风控体系，建立适用于小微企业的线上化融资服务的智能风控画像及智能融资体系，应用于小微企业普惠金融业务场景。

资料来源：中国人民银行营业管理部网站。

金融科技应用创新案例1-3：国网智能图谱风控产品

国网征信有限公司、中国邮政储蓄银行的国网智能图谱风控产品是基于神经网络算法、时间序列分析算法等大数据技术，以电力大数据为基础，搭建信贷风险全流程线上管理平台，使电力数据合理应用于银行信贷业务的各个环节，构建电力数据在信贷风险防控领域的完整解决方案，应用于贷前反欺诈审查、贷中授信审批、贷后风险预警等应用场景，为企业客户提供智能、快速、灵活的信贷服务。

资料来源：中国人民银行营业管理部网站。

(2) 大数据技术在证券业的应用场景。证券行业主要应用大数据进行股价预测、投资景气指数预测，特别是客户关系管理。例如，通过分析客户的账户状态、账户价值、交易习惯、投资偏好及投资收益等进行客户聚类和细分，找出最有价值和盈利潜力的客户群，根据客户历史交易行为和流失情况建立模型，预测客户流失的概率。

（3）大数据技术在保险业应用场景。大数据技术在保险业应用场景主要是客户细分及精细化营销、欺诈行为分析和精细化运营。例如，利用客户的风险偏好数据，同时结合客户职业、爱好、习惯、家庭结构、消费方式偏好等数据，运用机器学习算法对客户进行分类，从而提供不同的产品和服务。基于企业内外部交易和历史数据，实时预测和分析欺诈等非法行为，例如，医疗保险欺诈与滥用分析，以及车险欺诈分析等。

2. 区块链技术在金融业中的发展与应用

区块链技术凭借其分布式账本、密码学等底层技术，及其所具备的不可篡改、公开透明、可追溯等特点在金融领域得到广泛应用。

（1）区块链技术在银行业的应用。区块链技术能很好地解决现阶段银行业存在的资产与交易信息真实性验证困难，信用评估成本高昂，普惠金融服务难以落地，跨机构交易业务流程复杂、周期长、效率低下的问题。此外，该技术还可以应用于供应链金融业务中（见图1-19）。

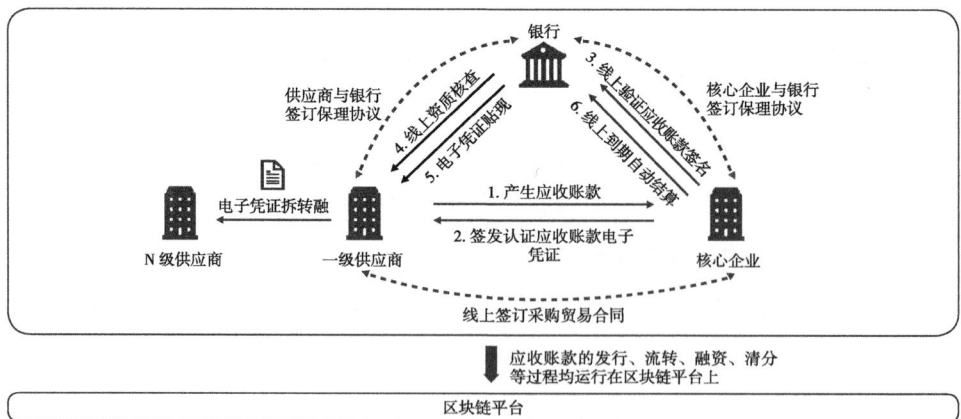

图1-19 区块链供应链金融业务逻辑

资料来源：抹链科技。

金融科技应用创新案例 1–4:"光信通"区块链产业金融服务

光大银行研发的"光信通"区块链产业金融服务，利用区块链共识算法的数据不可篡改、易追溯的特点，将核心交易环节原始凭证上链和多方存证，实现链上数据的多方可信共享，确保从材料采购、加工运输到终端销售全流程业务数据的真实有效，保证生产过程、物流路径等信息可被追溯。同时对贸易环节中的收付款关系及权属流转信息进行登记存证，保障数据共享全程透明可审计，防范数据伪造、篡改风险。通过智能合约技术固化链上各方资金清算路径，实现"光信通"账本自动同步、来账自动识别和到期自动清分，从而确保贸易行为中交易双方或者多方如约履约自身业务，有效管控资金履约风险，提升各方履约协作效率。利用大数据及知识图谱技术搭建风控模型，对链上企业信息（如订单、运单、销售量、财务等业务数据，以及税务、工商、司法等政务数据）进行多维度交叉验证，增强风控模型输出结果的准确性。该创新应用能帮助产业链各级参与方加快资金周转，降低产业链整体负债和金融成本，更好满足产业链上的中小微企业流动性及对外支付需要，解决其融资难、融资贵、融资慢问题。

资料来源：中国人民银行营业管理部网站。

金融科技应用创新案例 1–5: 移动金融云签盾

中金金融认证中心和中国民生银行申请的移动金融云签盾，采用基于SM2 算法的私钥分散生成存储和多私钥协同签名技术，在私钥生成时，在移动端安全模块和服务器端系统中分别生成存储相互独立的私钥段，私钥不会完整出现；在数字签名时，移动端安全模块、服务器端系统使用各自保存的私钥段完成独立的数字签名，并组合生成完整的签名数据。应用于民生银行的手机银行、直销银行、企业手机银行等 App 上的大额转账、扫码转账、合同签署等交易场景中用户身份认证。采用基于分散密钥的身份认证产品，为民生银行的手机银行、直销银行等提供安全高效的客户身份认证和交易体验，使其客户无须额外携带硬件介质，提升金融服务便捷性和满意度，其安全性符合国家及金融行业要求。

资料来源：中国人民银行营业管理部网站。

（2）区块链技术在证券业中的应用。依靠区块链去中心化、开放性、共享性的特征，区块链证券交易系统可以提升证券产品的登记、发行、交易与结算效率，并有效保证信息安全与个人隐私。

（3）区块链技术在征信业务中的应用。区块链技术能提高征信的公信力，全网征信信息无法被篡改；能显著降低征信成本，提供多维度的精准大数据；还有可能打破数据孤岛的难题，数据主体通过某种交易机制，通过区块链交换数据信息。

3. 人工智能（AI）技术在金融业中的发展与应用

人工智能在金融业中普遍应用于智能营销和智能客服。智能营销主要通过人工智能等新技术的使用，对于收集的客户交易、消费、网络浏览等行为数据利用深度学习相关算法进行模型构建，帮助金融机构与渠道、人员、产品、客户等环节相联通，从而可以覆盖更多的用户群体，为消费者提供千人千面、个性化、精准化的营销服务。智能客服基于大规模知识管理系统，提供客户接待、管理及服务智能化解决方案。在与客户的问答交互过程中，智能客服系统可以实现"应用—数据—训练"闭环，形成流程指引与问题决策方案，并通过运维服务层以文本、语音及机器人反馈动作等方式向客户传递。智能客服可以针对客户提问进行统计，对相关内容进行信息抽取、业务分类及情感分析，了解服务动向并把握客户需求，为企业的舆情监控及业务分析提供支撑。

（1）人工智能技术在银行业中的应用。人工智能在风险管理、贷款审批、贷款催收、客户服务中都有广泛应用。智能风险控制依托新技术进行监测预警，例如可以从多维的海量数据中深度挖掘关键信息，找出借款人与其他实体之间的关联，从贷前、贷中、贷后各个环节提升风险识别的精准程度。利用人工智能技术可以使得小额贷款的审批时效从过去的几天缩短至 3 ~ 5 分钟，进一步提升客户体验。使用智能催收技术可以替代 40% ~ 50% 的人力，为银行节省人工成本。

金融科技应用创新案例 1–6：基于智能机器人的移动金融服务

中国工商银行申请的基于智能机器人的移动金融服务中，智慧小融机器人为网点内客户提供智能交互服务，包括主动问候、智能对话、路径引导、简单业务办理服务（如余额查询），并可协同网点内智能机具办理复杂业务（如行内转账），亦可多机器人协同提供服务。"小融未来号"在银行专人协助下为客户提供礼品的预约配送、产品宣传、业务办理（如借记卡申办）、产品展示服务，扩大网点服务半径。

资料来源：中国人民银行营业管理部网站。

金融科技应用创新案例 1–7：5G+ 智能银行

中国建设银行的 5G+ 智能银行基于 5G、物联网、人工智能、大数据、生物识别等技术打造智慧银行网点，以视频、语音交互等方式为用户提供互动沉浸式的创新金融服务体验，探索全新的获客、活客新模式，提升金融服务获得感和客户满意度。利用 5G 技术支持远程办理部分金融业务，扩大自助业务服务范围至理财、信用卡、账户服务（不涉及银行账户的远程开立）等 19 大类 270 项金融服务项目。实现手机银行和 5G 网点的线上线下融合，重塑金融服务流程，为客户提供更优质的理财、信用卡等金融服务及扶贫购物等非金融服务。

资料来源：中国人民银行营业管理部网站。

（2）人工智能技术在证券业的应用。智能投资顾问和智能投资研究在证券业大量应用。智能投资顾问按照投资期限、风险偏好、回报预期等维度，运用人工智能相关技术形成个性化的资产配置方案，同时辅以营销咨询、资讯

推送等增值服务。智能投研以数据为基础、算法逻辑为核心，利用人工智能技术由机器完成投资信息获取、数据处理、量化分析、研究报告撰写及风险提示，辅助金融分析师、投资人、基金经理等专业人员进行投资研究。

第二章 北京金融业"十四五"期间的发展趋势预测

从国家统计局的数据口径分类上看，北京金融业包含四种类型：货币金融服务业、资本市场服务业、保险业和其他金融业。其中，货币金融服务业主要以商业银行、政策性银行、融资租赁公司、财务公司、典当行、汽车金融公司、小额贷款公司、消费金融公司、网络借贷公司为主要业态；资本市场服务业主要以证券交易场所、证券公司、投资基金公司（含创业投资、天使投资）、期货公司、投资咨询公司等为主要业态；保险业主要以人身险、财产险、再保险、商业养老金、保险中介、保险资产管理机构等为主要业态；其他金融业主要以信托、资产管理、金融信息服务、第三方支付等新型金融机构为主要业态。

第一节 北京金融业"十四五"期间的整体发展趋势预测

一、货币金融服务业发展趋势预测

商业银行作为主要的货币金融中介，发挥着将储蓄转化为投资的重要作用，通过信息不对称问题的有效解决，将居民的闲散资金聚集起来，通过贷款业务投向关于国计民生的重要领域，有力地支撑了国民经济的发展。

北京的商业银行集中了6家国有大型商业银行、12家股份制商业银行、3家政策性银行、数十家城市商业银行和农村商业银行的业务分支机构，金融机构分布密度非常高。这些商业银行在吸收存款、发放贷款等主要业务方面开展了多方面的竞争，有力促进了北京金融业的发展，为北京居民和企业提供了非常完善的金融服务，也为北京创造了大量的财税收入。

但是，随着数字经济的发展，北京商业银行数字化转型的步伐在逐步加大，机器替代人工的趋势不可阻挡，无论是 ATM 等自助机具，还是远程柜员、智能机器人，都已经在各个营业网点上岗服务，加之手机银行的功能不断更新迭代，前往商业银行营业网点现场办理业务的客户也在大幅减少，这种趋势在经营数据上突出体现为法人机构不断增加、营业机构稳中有降、从业人员小幅增长（见表 2-1）。

表 2-1 "十三五"期间北京银行业机构数量和从业人员数量

项目	2016 年	2017 年	2018 年	2019 年	2020 年
营业机构（个）	4 691	4 647	4 703	4 560	4 663
法人机构（个）	116	118	120	121	226
从业人员（人）	118 583	119 505	115 727	122 726	122 806

资料来源：依据中国人民银行相关数据整理得出。

按照"十三五"期间北京的存款、贷款业务余额的增速来进行大胆预测，北京的货币金融业还将处于快速发展期。特别是随着存款利率市场化改革的基本实现，"十四五"期间，北京的存款余额还将保持较大的市场规模。做出上述预测主要基于以下几点原因：首先，虽然受房地产调控政策的影响，个人住房抵押贷款的增速将有所放缓，但随着放开生育政策的逐步落地，大户型改善型住房需求仍将继续存在，个人住房抵押贷款的市场规模将会持续保持一个稳定增长的态势；其次，随着"十四五"期间新能源汽车的大力发展，加之放开汽车限购预期的不断升温，汽车金融公司的贷款业务将会得到迅猛发展，这在一定程度上会也支撑北京的贷款业务规模。

因此，在"十四五"期间，北京银行业在金融业的主导地位还不会发生根本性的变化，商业银行作为金融服务主渠道将继续扮演重要角色，这将在经营数据上突出体现为法人机构继续小幅增加、营业网点继续小幅减少、从业人员稳中趋降（见表2-2）。

表2-2 "十四五"期间北京银行业机构数量和从业人员数量（预测）

项目	2021年	2022年	2023年	2024年	2025年
营业机构（个）	4 658	4 655	4 650	4 645	4 640
法人机构（个）	228	230	232	234	236
从业人员（人）	120 037	119 959	119 831	119 702	119 573

资料来源：1. 依据"十三五"基础数据，按照年均减少5个的可能性对营业机构数进行预测。

2. 按照前4年平均增长情况对法人机构数进行预测。

3. 参照营业机构年均减少5个的情况对从业人员数进行同比例预测。

二、资本市场服务业发展趋势预测

证券交易所作为资本市场标志性的服务机构，聚集了大量的上市公司、投资机构、中介服务机构，会为所在地带来异常丰富的金融资源。从全球范围内来讲，无论是纽约、伦敦，还是新加坡、东京，都有着全球性影响力的证券交易所，交易对象包括股票、债券、期货、期权等多种金融产品。从全国范围内来讲，无论是上海、深圳，还是北京，都有着具备全国性影响力的证券交易所，交易对象包括股票、债券、期货、期权等多种金融产品。

北京作为全国中小企业股份转让系统（新三板）的所在地，集中了全国最优秀的中小企业，挂牌公司数量连续增长，通过分层设计，进一步激发了新三板的市场活力（见表2-3）。

表2-3 "十三五"期间北京"新三板"挂牌情况

项目	2016年	2017年	2018年	2019年	2020年
挂牌企业数（家）	10 163	11 630	10 691	8 953	8 187

资料来源：依据全国股转公司相关数据整理得出。

从2020年7月开始，北京"新三板"在原有的基础层和创新层外，又新增了精选层，并启动了由"新三板"向上海交易所和深圳交易所的"转板"制度，扶持优秀的中小企业直接登录主板交易场所（见表2-4）。

表2-4 北京"新三板"挂牌企业分层情况一览表（2020.12.31）

分层名称	精选层	创新层	基础层	合计
挂牌企业数（家）	41	1 138	7 008	8 187

资料来源：依据全国股转公司相关数据整理。

"十四五"期间，北京针对"新三板"的提质发展，围绕着公募基金、私募基金、创业投资、天使投资的加速发展，将吸引大量的资金进入资本市场。尤为可喜的是，2021年9月3日，中国第一家公司制证券交易所——北京证券交易所注册成立，打造服务创新型中小企业主阵地，为"专精特新"企业提供了融资主渠道。至此，中国证券交易所"三足鼎立"的格局初步形成，分别覆盖了中国经济最为发达的三个区域：环渤海地区、"长三角"地区、"珠三角"地区。截至2021年年底，北京证券交易所挂牌公司已达82家（含精选层，见表2-5）。

表2-5 北京证券交易所及"新三板"挂牌企业分层情况（含预测）

交易场所		北京证券交易所	新三板创新层	新三板基础层	新三板合计
挂牌企业数（家）	2021年	82	1 225	5 707	6 932
	2022年	117	1 200	4 707	5 907
	2023年	142	1 175	3 707	4 882
	2024年	167	1 150	2 707	3 857
	2025年	192	1 125	1 707	2 832

资料来源：在北京证券交易所和全国中小企业股份转让的年度报告数据的基础上，根据未来市场发展趋势所做的预测。

"十三五"期间，随着资本市场的持续繁荣，作为资本市场中介服务主力军的证券公司、基金公司、期货公司的法人机构数量稳中有升，证券营业部数量快速增加，期货分支机构稳中有升，证券从业人员数量大幅增加，期货从业人员平稳增加（见表2-6）。

表 2-6　"十三五"期间总部设在北京的证券业法人机构和从业人员数量

项目	2016 年	2017 年	2018 年	2019 年	2020 年
法人证券公司（家）	18	18	18	18	17
法人基金公司（家）	19	19	19	19	21
法人期货公司（家）	19	19	19	19	19
证券营业部（家）	422	477	543	544	—
期货分支机构（家）	95	102	108	108	—
证券从业人员（人）	10 389	10 979	35 786	34 538	—
期货从业人员（人）	2 812	2 969	—	—	—

资料来源：依据中国人民银行相关数据整理得出。

注：证券从业人员数据中，2018 年、2019 年的数据含北京证券公司在全国下设营业部的从业人员。

　　"十四五"期间，在融资方式逐步加大直接融资比例的趋势下，在注册制成为全市场的基本规则的背景下，资本市场将在资产管理和投融资领域扮演着越来越重要的角色，法人机构将稳中有升，分支机构将继续扩大，相关从业人员将继续增长（见表 2-7）。当然，智能投顾、智能投研、量化交易的不断发展，会在一定程度上对人力有所替代，但由于资本市场业务相对复杂，不会像商业银行那样出现大量人力被机器替代的现象。

表 2-7　"十四五"期间总部设在北京的证券业法人机构和从业人员数量（预测）

项目	2021 年	2022 年	2023 年	2024 年	2025 年
法人证券公司（家）	17	17	17	17	17
法人基金公司（家）	21	22	23	24	25
法人期货公司（家）	19	19	19	19	19
证券营业部（家）	544	545	546	547	548
期货分支机构（家）	108	108	108	108	108
证券从业人员（人）	34 540	34 550	34 560	34 570	34 580
期货从业人员（人）	2 980	2 990	3 000	3 010	3 020

资料来源：在中国人民银行相关数据的基础上，根据未来市场发展趋势所做的预测。

三、保险业发展趋势预测

回顾"十三五"期间北京保险业机构和从业人员情况,人身险法人公司稳中有升,保险销售从业人员呈现出稳步增长的良好态势(见表 2-8)。2020 年的新冠肺炎疫情,使得老百姓对身体健康的关注度大幅度提升,对健康保险的需求也迅速上升。这种趋势下,每个人都需要为相关风险作出积极的风险管理措施,那就是购买健康保险,特别是医疗保险。这对保险行业来讲,是一次非常好的发展契机。

表 2-8　"十三五"期间北京保险业机构和从业人员数量

项目	2016 年	2017 年	2018 年	2019 年	2020 年
财产险法人公司(家)	16	16	15	14	14
人身险法人公司(家)	29	30	30	31	31
保险分公司(家)	100	106	109	112	112
外资代表处(家)	79	—	—	—	—
保险专业中介法人机构(家)	404	—	—	392	—
保险专业代理机构(家)	7 102	—	—	—	—
保险销售从业人员(万人)	13.2	16.3	17.9	—	3 020

资料来源:依据中国人民银行相关数据整理得出。

根据预测,进入"十四五"期间,全国范围内保险业的增长态势都比较平稳,北京也基本上呈现了平稳发展的态势(见表 2-9)。

表 2-9　"十四五"期间北京保险业机构和从业人员数量(含预测)

项目	2021 年	2022 年	2023 年	2024 年	2025 年
财产险法人公司(家)	14	14	14	14	14
人身险法人公司(家)	31	31	31	31	31
保险分公司(家)	112	112	112	112	112
外资代表处(家)	79	79	79	79	79
保险专业中介法人机构(家)	392	392	392	392	392

项目	2021年	2022年	2023年	2024年	2025年
保险专业代理机构（家）	7 102	7 102	7 102	7 102	7 102
保险销售从业人员（万人）	18.0	18.0	18.2	18.2	18.4

资料来源：在中国人民银行相关数据的基础上，根据未来市场发展趋势所做的预测。

"十三五"期间，北京作为首都，保险密度始终在全国处于领先地位，但遗憾的是保险深度在不断降低（见表 2-10）。

表 2-10　"十三五"期间北京保险密度、深度情况

项目	2016年	2017年	2018年	2019年	2020年
保险密度（元/人）	8 467.8	9 085	8 293.1	9 640	10 609
保险深度（%）	7.4	7.1	5.9	6.0	6.4

资料来源：依据中国人民银行相关数据整理得出。

鉴于北京保险业会在较长一段时间内保持平稳发展的态势，整个"十四五"期间，不会有太大的变化（见表 2-11）。

表 2-11　"十四五"期间北京保险密度、深度情况

项目	2021年	2022年	2023年	2024年	2025年
保险密度（元/人）	9 660	9 680	9 700	9 720	9 740
保险深度（%）	6.0	6.0	5.9	5.9	5.8

资料来源：在中国人民银行相关数据的基础上，根据未来市场发展趋势所做的预测。

四、其他金融业发展趋势预测

随着《关于规范金融机构资产管理业务的指导意见》（又称"资管新规"）过渡期的即将结束，一大批商业银行纷纷注册成立了理财子公司。这些理财子公司以独立的姿态开始承担其"受人之托、为人理财"的责任和使命。随着存款利率市场化改革的基本到位，老百姓购买理财的热情将不断提升，纷纷寻找高息资产，这将是"十四五"期间信托、资产管理、理财子公司等机构的发展契机。

第二节　北京金融细分行业"十四五"期间的发展趋势预测

一、北京银行业发展趋势预测

"十三五"期间，北京银行业发展稳步推进，监管及经营有序开展。结合 2022 年 1 月份由中国人民银行、市场监管总局、银保监会、证监会联合印发的《金融标准化"十四五"发展规划》，"十四五"时期北京地区银行业的发展将呈现以下几方面的趋势。

（一）不断优化产业结构，支持高质量发展

由"十三五"期间北京地区的银行业发展情况可以看出，北京银行业发展比较平稳，资产规模稳步增长，利润收入涨幅逐渐放缓，产业结构不断优化。"十四五"期间，北京银行业将继续积极发展绿色信贷，支持绿色、循环、低碳经济发展，推进普惠金融及农村金融设施建设，营造良好金融环境，提升银行产品和服务质量，支持高质量发展。

（二）数字化转型向更深层次推进

银行业积极拥抱时代变化，持续加大金融科技投入，对银行业务进行数字化赋能提升，取得了较好的效果。"十四五"期间，银行业将继续发展金融科技，将数字化转型向更深层次推进，以提供更高效、更便捷、更安全的金融服务。这就意味着将提供更多的智能化、个性化、场景化的服务。主要有以下几方面表现：第一，实现线上线下有机融合，促进服务智能化。依托技术，完善"智慧银行"与自助银行建设，并且提供多种线上服务，优化"非接触"服务渠道。第二，积极搭建远程银行及各类生态平台，推进业务平台化。利用"智慧运营＋科技赋能"，加速远程银行建设。同时拥抱开放银行，积极构建生态平台。此外，化繁为简，促进服务平台整合。第三，降低成本提升效率，实现办公集约化。与银行服务端口类似，很多商业银行内部业务系统与办公系统较多。集约化控制可以有效提高生产效率，节约人力物力成本。第四，融入创新机制，推进监管数字化。实行动态监控，推进数字风控，将大数据、人工智能等技术融入风险管理全过程，依托数据库采集的用户行为，实行动态监测，做出客观评价。

（三）加强产业链供应链金融产品及服务建设

传统供应链金融很难完全解决中小微企业融资难题，通过金融科技赋能，随着区块链、大数据等技术的应用，银行供应链金融有望重新搭建平台，逐步打破信息孤岛。《金融标准化"十四五"发展规划》指出，制定银行间电子认证互通互认等标准，助推提升供应链融资结算线上化和数字化水平。研制科技金融产品标准，助力完善金融支持创新体系。因此，"十四五"期间，北京银行业将加强产业链供应链金融产品及服务建设，更好助力中小微企业融资。

（四）大力推进数字货币应用

数字人民币的发行模式和相关特性决定了运营机构与商业银行既独立又紧密联系的特点。作为参与方，北京银行业将继续优化数字人民币相关产品，例如数字钱包开通与营销、银行卡绑定等业务，同时增强与银行业间、非银行业间的合作，扩大数字人民币应用场景，包括数字政务、数字生活、跨境支付、企业往来账务等，持续稳妥推进数字货币应用。

二、北京证券业发展趋势预测

在"十四五"期间，北京证券业将突出科技创新、数字经济、对外开放的特征，推动构建京津冀协同发展的高水平开放平台。

（一）进一步加快金融科技创新和数字化转型步伐

北京在金融科技政策支持力度、科研创新投入、发展空间布局、监管制度环境、人才激励效应等方面具有叠加优势，为资本市场营造了良好的创新发展环境。北京将加快推动资本市场经营主体数字化转型，增强北京资本市场发展的吸引力、凝聚力和创新力。近年来，传统金融与新兴科技加速融合，有效推动了金融服务提质增效，为北京资本市场金融科技创新发展提供了难得的战略机遇，对于北京建设国际一流的金融科技生态，形成具有全球影响力的金融科技产业具有重要意义。

"新三板"既是金融科技创新的实践者，也是受益者。金融科技对降低中小企业对接资本市场的成本、深化市场服务模式等方面发挥了突出作用。

全国股转公司将积极践行"数据让监管更智慧、科技让服务更温暖"的愿景，以建设数字化智慧型交易场所为目标，着重推进提升市场科技服务水平，进一步提升新三板金融科技发展水平。

（二）进一步扩大开放程度

为吸引更多外资金融机构在京落地，北京将探索设置外资金融机构"服务管家"工作机制，在政策咨询、行政审批、配套服务等方面提供一站式、"一对一"专人服务。在"服务管家"工作机制护航下，一批标志性金融机构落地创业。

2021年1月，已有包括全国首家另类投资保险资产管理公司（国寿投资保险资产管理有限公司）、全国首家外资全资控股持牌支付公司（国付宝信息科技有限公司）、全国唯一一家承载跨境金融信息传输职能的重大金融基础设施（金融网关信息服务有限公司）及全国首家外商独资保险资产管理公司（安联保险资产管理有限公司）在内的4家重磅金融机构在京落地。其中，3家为"全国首家"，1家为"全国唯一"。

（三）进一步服务创新型中小企业高质量发展

2021年9月3日，北京证券交易所有限责任公司注册成立。设立北京证券交易所标志着我国多层次资本市场改革发展迈出关键一步。截至2021年12月31日，北京证券交易所共有上市公司82家，总市值达2722.75亿元，股票成交金额为1609.80亿元（见表2-12）。从地域分布来看，北京共有上市公司12家，在全国的占比为14.63%，居于全国第二位（见表2-13）。

"新三板"自2013年正式运营以来，通过不断的改革探索，已发展成为资本市场服务中小企业的重要平台。为了以现有的"新三板"精选层为基础组建北京证券交易所，进一步提升服务中小企业的能力，打造服务创新型中小企业主阵地，2019年以来，证监会推出了设立精选层、建立公开发行制度、引入连续竞价和转板机制等一系列改革举措，激发了市场活力，取得了积极成效。精选层设立以来总体运行平稳，各项制度创新初步经受住了市场考验，吸引了一批"小而美"的优质中小企业挂牌交易，为进一步深化改革、设立证券交易所打下了坚实的企业基础、市场基础和制度基础。建立北京证券交易所，是首都金融发展史上的里程碑，将在提升首都金融业国际影响力、优化首都金融业结构、促进首都金融业高质量发展中发挥至关重要的作用。北京证券交易所的设立，一方面给中小企业提供了新的融资途径，另一方面也提振了企业发展的信心，还将有利于打造以服务创新型中小企业为特色的证券交易所。

表 2-12 北京证券交易所主要统计指标概览

项目	2021 年
市场规模	
上市公司家数	82
总股本（亿股）	122.69
总市值（亿元）	2 722.75
股票发行	
发行次数	41
发行股数（亿股）	8.22
融资金额（亿元）	75.22
股票交易	
成交金额（亿元）	1 609.80
成交数量（亿股）	95.86
换手率（％）	206.50
市盈率（倍）	46.66

资料来源：北京证券交易所。

注：发行、交易数据包含 2021 年 1 月 1 日至 2021 年 11 月 12 日的精选层公司数据。2021 年 11 月 15 日至 12 月 31 日，共 11 家公司公开发行进入北京证券交易所，融资金额为 75.22 亿元；上市公司累计成交 37.45 亿股，成交金额为 667.17 亿元。

表 2-13　证券交易所上市公司地域分布情况

省份	2021 年年末	
	全市场家数	占比（%）
江苏	13	15.85
北京	12	14.63
广东	10	12.20
山东	7	8.54
安徽	5	6.10
四川	4	4.88
浙江	3	3.66
上海	3	3.66
湖北	3	3.66
河北	3	3.66
河南	2	2.44
辽宁	2	2.44
湖南	2	2.44
陕西	2	2.44
重庆	2	2.44
吉林	2	2.44
福建	1	1.22
江西	1	1.22
山西	1	1.22
云南	1	1.22
广西	1	1.22
内蒙古	1	1.22
宁夏	1	1.22
合计	82	100.00

资料来源：北京证券交易所。

（四）进一步完善"募投管退"生态体系

2020 年 12 月 10 日，中国证监会批复同意股权投资和创业投资份额转让试点率先落地北京。为加快试点建设，北京市金融监管局会同北京证监局等相关部门加强联动、统筹推进，不断完善份额转让试点基础设施建设。指导北京股权交易中心按照监管要求，配套制定了登记托管、转让、信息披露等管理制度，并借助区块链技术完善现行交易系统。同时，还着力通过推动试点项目落地，解决份额转让交易实践中的问题。2020 年 1 月 22 日，首批两单基金份额转让交易通过北京股权交易中心完成转让。截至 2021 年 3 月中旬，相关机构已经储备近 20 个份额转让项目。

三、北京保险业发展趋势预测

《中共中央关于制定国民经济和社会发展第十四个五年规划和二〇三五年远景目标的建议》全文共十五部分 60 条，对"十四五"期间的经济社会发展规划及远景目标做出了详尽建议。在这份顶层设计的建议文件中，共有 4 处 15 次提及保险，涉及长期护理保险、商业医疗保险、农业保险、巨灾保险、重大疾病医疗保险、基本医疗保险、基本养老保险、失业保险、工伤保险、存款保险、社会保险公共服务平台、多支柱养老保险体系等。

从"十三五"期间北京地区的保险行业发展情况可以看出，北京保险行业发展比较平稳，无论人身保险还是财产保险出现原保费下降的年份，都与国家政策紧密相关。在中华民族伟大复兴的战略全局下，"十四五"时期北京地区保险业的发展将呈现以下几方面的趋势。

（一）北京保险业将在服务双循环新发展格局中发挥更大作用

北京保险业提供风险保障总额从 2015 年的 201.2 万亿元增长到 2020 年的 730.7 万亿元，增幅达到了 263.2%；保险赔付金额也从 506.6 亿元增长到了 751 亿元。2020 年，北京政策性农业保险出具电子保单 7526 件，为参保农户提供风险保障 256.42 亿元；截至 2020 年年底，北京地区责任保险累计为全社会提供各类风险保障 169.4 万亿元，寿险和长期健康险总计保险金额为 172.4 万亿元和 1.43 万亿元。在"十四五"期间，保险业将在助力构筑重大灾害事故救助安全网、社会民生安全网、畅通经济循环安全网方面更好地服务双循环的发展格局。保险业在灾前防治、灾中救助、灾后重建等方面将发挥积极作用；同时，第三支柱商业养老保险是商业保险公司的主要发展方向。

（二）北京保险业将率先启动高质量发展

2020 年 1 月 3 日，中国银保监会发布了《关于推动银行业和保险业高质量发展的指导意见》，对推动银行业和保险业高质量发展提出了明确目标，从推动形成多层次、广覆盖、有差异的银行保险机构体系，完善服务实体经济和人民群众生活需要的金融产品体系，精准有效防范化解银行保险体系各类风险等方面提出了具体要求。根据相关政策指引，北京保险业将率先推动高质量发展。

（三）北京保险业将高水平对外开放

2019 年年底，中国银保监会发布《关于明确取消合资寿险公司外资股比限制时点的通知》，宣布自 2020 年 1 月 1 日起，正式取消经营人身保险业务的合资保险公司的外资比例限制，合资寿险公司的外资比例可达 100%，这一规定意味着从 2020 年开始外资独资的保险公司可以正式进入中国市场。经梳理，自 2018 年 4 月以来，政策层面先后发布了三轮共 34 条银行业和保险业对外开放措施，其中涉及保险业的对外开放措施有 14 条，进一步强化了国内保险市场竞争，推动了国内保险机构改革创新，北京保险业将奋勇当先实现高水平对外开发。

（四）北京保险业相关产品将逐步成为必需品

我国保险业与老百姓生产、生活的联系日益紧密。例如，商业车险的第三者责任险投保率已经超过 88%；过去几年健康保险保费收入年均复合增长率也超过了 30%。2015—2019 年，北京健康保险密度连续 5 年保持全国第一。2019 年健康保险密度为 1861.65 元/人，健康保险深度为 1.13%。经营健康保险业务的公司由 2015 年的 87 家增长至 2019 年的 112 家，开发出健康保险产品 5000 余个，逐步满足北京消费者多层次的医疗保障需求。新冠肺炎疫情期间，北京地区保险公司扩展医疗责任险保障责任，覆盖医疗机构千余家，保障医务人员超过 16 万人次。随着消费群体迭代和风险管理意识增强，保险将成为人民群众最基本也是最重要的市场化风险管理工具，深度融入生产、生活的更多领域。

（五）北京保险业将加速推进数字化转型

当前数字经济深入发展，金融服务业的数字化转型将是大势所趋。受 2020 年新冠肺炎疫情影响，保险业全面提高了线上化、智能化服务水平。疫情在一定程度上给保险公司带来发展机遇，主动询问的客户增多。保险公司的营销主要通过公司 app，公司系统升级线上完成，投保流程大大简化，产品都变成网络销售。疫情推进投保无纸化，有些公司将在疫情后实现百分百无纸化。今后几年，保险业将进入全面推进数字化转型的新时期，逐步实现保险定价精准化、服务供给定制化、营销渠道场景化、风险管理智能化，切实提升保险机构的服务能力。在数字化转型方面，北京保险业有着得天独厚的条件，将加速推进数字化转型。

四、北京信托业发展趋势预测

（一）信托资产结构分化将日趋明显

(1) 基础产业信托前景越来越广阔。"十四五"时期，北京经济结构将持续优化、增长动力发生转换，基础设施建设仍然是北京经济发展的重要支撑。北京城市副中心建设的深入推进和基础设施建设的全面铺开、城市基础设施升级改造投资的增加需要基础产业信托的资金支持，基础产业信托融资的需求将不断增强。

(2) 证券信托业务越来越受到重视。随着《关于规范金融机构资产管理业务的指导意见》（银发〔2018〕106 号）的发布，一方面，北京信托业传统业务发展将受到一定限制；另一方面，信托公司在主动管理和投研能力方面进一步加强，因此证券业务将逐渐受到信托公司的重视与探索，证券投资信托的发行量趋于上升。

(3) 工商企业信托的优先地位仍将持续。顺应国家加大对实体经济的金融支持政策要求，北京的工商企业仍将持续成为信托资金配置的第一领域。此外，绿色产业，高端消费、高端制造业，养老产业等都是信托公司业务转型的方向。各个信托公司依据各自资源禀赋，逐步聚焦本公司优势服务行业，支持工商企业围绕主业发展，从工商企业的优势和产业需求出发，一批高端装备制造、5G研发运用等科技创新行业以及医疗康养、人工智能等行业将越来越得到工商业企业信托的资金支持。

（4）房地产信托将继续受到严格监管。2020年10月，中国银保监会信托部向各地银保监局发布了《关于开展新一轮房地产信托业务专项排查的通知》，要求继续严格控制房地产信托的规模。因此，北京也将继续加强房地产信托的渗透监管，严格禁止为非法资金流入房地产市场提供渠道。未来监管层对房地产信托不规范和混乱现象的监督将持续推进。

未来信托行业服务实体经济，服务金融体系建设的定位将进一步明晰，北京信托业也将进一步加大对实体经济中民营企业、中小企业、个体经营者的资金支持力度。在各项监管政策的监督下，北京信托行业的风险管理意识和资产管理能力将不断得到提升，有利于更多资金进入实体经济领域，助力经济平稳回升。

（二）信托公司文化建设将得到加强

2020年6月中旬，中国信托业协会发布《信托公司信托文化建设指引》，为信托公司回归受托人定位，转变发展方式提供了重要的思想指引。信托文化的建设需要一个长期的过程，需要中国银保监会、中国信托业协会和信托公司运用系统化的思维共同推进其落地和实施。信托文化与信托公司企业文化的深入融合，有助于信托公司统一思想，将信托文化作为员工的重要行为准则，有利于信托公司从源头上防范信托业务风险，推动信托业务创新和经营创新，实现信托公司的真正转型发展。

《信托公司信托文化建设指引》明确指出，信托文化的内容包含服务、民生、责任、底线和品质五个方面。"十四五"期间，各信托公司信托将着力推动信托文化在信托业务操作规程中的应用，将信托文化贯穿于信托业务的各个环节。服务文化的落实，需要信托公司创新服务方式，实现与实体经济的良性循环。信托公司践行民生文化，需要充分发挥信托制度功能，如横跨多个市场，具有财产独立、破产隔离等功能，综合运用多种金融工具，满足人民群众财产保值增值和财富传承的需求，提升人民群众的幸福感、获得感和安全感。责任文化需要信托公司积极履行社会责任，创造社会效益，积极支持脱贫攻坚及各项社会公益慈善事业。底线文化是指信托公司诚实守信，合规经营，始终将法律和规则作为一道红线，杜绝不当创新，保持稳健运行。品质文化建设要求信托从业人员提升专业能力，为委托人提供专业化和个性化的服务。①

（三）金融科技助力信托业转型发展

中国人民银行《金融科技（FinTech）发展规划（2019—2021年）》中定义金融科技为技术驱动的金融创新，旨在运用现代科技成果改造或创新金融产品、经营模式、业务流程等，推动金融发展提质增效。"十三五"期间，已有多家信托公司在金融科技的应用方面做出探索，但仍主要处于布局阶段，主要集中在消费金融领域，特别是小额融资业务。"十四五"期间，金融科技在信托领域的应用场景将进一步多元化。

(1) 客户管理方面实现精准营销。在客户管理方面，金融科技将有助于信托公司满足客户个性化的需求，进行精准营销，提高客户黏性以及资金端和资产端的匹配效率。通过智能投资顾问模式，不仅可以用技术替代人工，通过大数据分析客户的风险承受能力和变化规律，为客户提供个性化的理财方案，还能通过互联网进行实时跟踪和调整，与客户进行深度互动，提升客户体验。

(2) 客户识别方面提升用户体验。在客户识别方面，人脸识别技术将广泛应用于远程开户、购买产品和提款认证，进一步优化业务办理流程，提升用户体验。客户可以通过人脸识别功能，无须到达现场就完成开户、签订信托合同、线上自主转账和购买信托产品。

---

① 中国信托业协会. 信托公司信托文化建设 [EB/OL].[2022-05-29]. https://baijiahao. baidu.com/s?id=1704427805665019642&wfr=spider&for=pc2021.07.

（3）客户画像方面提升信托公司综合管理水平。在客户画像方面，信托公司可以搭建数据仓库，利用数据仓库中的强相关信息，了解客户需求和客户信用等，为信托公司的产品设计、营销以及客户服务提供帮助。通过客户画像，在风险管理方面，信托公司将通过大数据掌握全面的用户数据，为多维度、多角度刻画客户风险提供支持，提高信托公司的大数据风险控制能力。

（4）合规风控方面实现"人机结合"。在信托业监管趋严的背景下，金融科技的应用有助于信托公司将人的因素和科技因素相结合，提高合规风控管理能力。在智能尽职调查方面，运用人工智能可以将绝大部分非结构化的原始数据资料转化为精细的结构化数据，再经过智能系统的分析，以数据报表和可视化图表的形式呈现，更加直观、便捷、全面地展示出来，以供专家复核和管理者决策。可以节省人工处理琐碎事务的时间，将从业人员的主要精力放在重要事务的审核和决策方面。在舆情监测方面，通过软件在互联网抓取数据，可以及时发现相关网络舆情。同时通过舆情评分，可以对相关企业客户进行风险预警。在智能反欺诈方面，通过人工智能可以将申请人的设备、IP 等信息加入智能反欺诈模型中，有利于解决信托公司在支付、风险控制等领域的风险。①

各信托公司将加大金融科技的投入力度，提高金融科技系统的自主研发力度。"十三五"期间大部分信托公司对金融科技虽然都有投入，但在人、财、物的投入力度上仍然不足，信托公司普遍存在金融科技系统依赖外包的问题，没有自主研发的科技系统，有的信托公司使用的信息系统仍是科技公司多年前开发的落后的系统，导致金融科技系统对信托业务的赋能和引领作用严重不足。"十四五"期间，信托公司需要加大投入，提高金融科技的自主研发力度，开发真正适合信托公司自身发展需要的科技系统，为信托业的创新和信托公司的转型发展提供动力。

---

① 中国对外贸易信托经济有限公司 . 金融科技时代背景下的信托业转型与发展 [EB/OL].[2022-05-29]. https://baijiahao.baidu.com/s?id=1707156660527432870&wfr=spider&for=pc2021.08.

五、北京金融科技发展趋势预测

（一）北京金融科技将持续领跑全球

近几年，北京市人民政府每年至少出台一项金融科技相关支持政策，率先开展金融科技创新监管试点等措施。2021 年 9 月，北京前沿金融监管科技研究院 (FIRST)、浙江大学互联网金融研究院 (浙大 AIF)、浙江大学国际联合商学院 (浙大 ZIBS)、浙江数字金融科技联合会 (ZAFT) 在 2021 年中国国际服务贸易交易会上联合发布《2021 全球金融科技中心城市报告》，北京在 50 个全球金融科技中心城市中排名第 1，在 20 个城市的全球金融科技产业中排名第 1，在全球金融科技消费者体验中排名第 5，在全球金融科技生态中排名第 2，成为全球金融科技发展的风向标。在北京加快建设国际科技创新中心的背景下，在强政策支持以及目前金融科技实力等多重因素的影响下，北京金融科技未来将持续领跑全球。

（二）北京将成为全球金融科技创新中心

北京目前建设了全国首个国家级金融科技示范区，集聚了央行数字货币研究所、国家金融科技认证中心、国家数字金融技术检测中心、国家金融标准化研究院、金融网关、网联清算等金融科技领域的一流智库和龙头企业。截至 2021 年 9 月，北京共集聚了 19 家金融科技上市企业、87 家未上市高融资金融科技企业（融资总额为 462.4 亿美元），数量居全球第一。北京以国际科技创新中心建设为目标，在拥有众多科研院所、科技创新企业的基础上，实施了一系列措施来提高科技创新能力，例如完善国家实验室体系、布局世界一流新型研发机构、支持高校院所与科技领军企业协同创新等。相应的金融支持政策包括培育支持一批科技创新型中小企业在新三板挂牌、北交所上市、股债联动试点、支持开展"投贷保"联动等多种服务模式创新，这些政策支持将有利于科技研发企业发展壮大。众多科技企业聚焦支付清算、监管科技、智能金融、数字保险等重点领域，能推动金融科技要素集聚，将北京建设成为全球金融科技创新中心。

（三）北京金融科技应用场景继续扩大

北京探索进出有序的"沙盒监管"常态化机制，向社会开展创新应用长期征集工作。在智慧政务、便民生活、智慧医疗等领域开展金融科技场景应用示范项目，并在风险可控的前提下进行复制推广。例如，围绕冬奥会和国际消费中心城市建设，北京稳妥推进数字人民币全场景应用试点，对数字人民币使用开展了最广泛、最深度的压力测试，实现交通出行、餐饮住宿等七类场景全覆盖，市民积极开立数字人民币账户，商户也积极开通数字人民币支付方式。从支付消费到民生政务，数字人民币正加速走进市民生活，北京正积极探索数字人民币在预付费管理、供应链金融等社会治理和产业链金融等领域的率先应用。

（四）北京将形成全球金融科技品牌

北京聚集了大量的金融科技研究、研发、协同机构，例如，中国互联网金融协会、北京金融科技产业联盟、中关村互联网金融研究院等，定期举办金融街论坛、成方金融科技论坛、中关村金融科技论坛年会等金融科技国际交流活动。这些机构和交流活动已成为助力北京金融科技发展，打造具有全球影响力的金融科技中心的品牌活动，未来将持续发挥品牌引领和标准制定的作用。

（五）北京金融科技将更加注重金融信创

中国人民银行在《金融科技发展规划（2022—2025年）》中指出，要加快制定并组织实施金融业关键软硬信息基础设施安全规划，切实提高金融业关键软硬信息基础设施安全保障能力。金融安全是金融科技发展的重中之重，因此，加快核心技术突破，面向金融行业领域应用和信息安全保障需求，攻克一批操作软件关键技术，推动统一操作系统等重大项目建设，努力实现基础软件国产自主可控替代可能成为未来金融科技发展的方向。北京作为科技创新中心，具有金融业关键软硬信息基础设施建设的能力，将更加注重金融信创，成为金融信息技术应用创新产业的主导。

第三章　北京金融业"十四五"期间人才需求趋势预测

　　北京金融业作为北京的支柱产业，其对人才的需求从数量上将会稳定增长，同时，在人才需求结构上也将发生巨大变化。在金融科技加速发展和新冠肺炎疫情冲击的双重背景下，非接触式服务将会成为常态，这就会从根本上改变北京金融业的经营模式。过去，北京的金融业比较重视物理网点的建设和线下营销，重视客户经理的作用，今后这都将发生改变。

第一节　金融科技应用人才需求将迅猛增长

　　随着金融机构对金融科技的不断投入，金融业与客户打交道的方式正由传统的"面对面"逐渐过渡为"人机自助"和"键对键"。其中，"自助式服务机器人"等人工智能软硬件设备将会扮演着越来越重要的角色。这些金融科技应用产品的普及，极大地提升了金融机构的运营效率，降低了金融机构的运营成本，受到了金融机构的普遍欢迎，被采用和推广的速度非常快。鉴于金融机构目前还没有足够数量的金融科技应用人才，对于金融科技应用产品的使用和维护还主要依靠外包服务的方式解决。随着金融科技应用产品的普及使用，如果仅仅依靠外包服务的方式，就不能完全满足金融机构对于数据安全、资金安全的需要，因此必须建立一支自有的金融科技应用人才队伍。具体来说，主要包括以下几个方面的人才。

一、大数据金融的收集、整理、清洗、分析、挖掘和应用人才

在大数据已经成为生产核心要素之际，对金融机构每天产生的大数据进行收集、整理、清洗、分析、挖掘和使用已成为许多金融机构的重要工作内容，而且这未来将成为金融机构的核心竞争力之一。正如英国牛津大学教授维克托·迈尔－舍恩伯格所言："数据之于信息社会就如燃料之于工业革命，是人们进行创新的力量源泉。"①金融科技应用人才最需要掌握的核心能力之一是数据分析能力。无论是在基于对智联招聘、BOSS 直聘官方网站上发布的招聘启事进行的人才需求分析结果中，还是在信息技术新工科产学研联盟发布的《金融科技人才需求与发展报告（2021 年）》中，与大数据金融有关的金融科技应用人才都是最为紧缺的。新的生产服务模式的改变，倒逼金融业在数字化转型的道路上不断狂奔，加速追赶。由此，大数据金融人才一时间变得极为紧俏，预计在整个"十四五"期间，大数据金融人才供需失衡的状态将长期存在。

二、区块链金融的开发、推广和应用人才

区块链是点对点网络、数字加密、分布式账本、多方协同共识算法等多个领域的融合技术，具有不可篡改、链上数据可溯源的特性，非常适合于多方参与的供应链金融业务场景。②区块链主要分为公链和联盟链两种，它世界各国的发展情况很不相同，在欧美发达国家或地区公链发展势头较好，在我国联盟链发展势头良好。结合现阶段区块链技术的发展实际，我们通过对智联招聘、BOSS 直聘官方网站上发布的招聘启事进行人才需求分析，发现区块链的需求岗位目前主要着眼于区块链后端的开发，并不倾向于区块链的应用。由此可见，区块链金融的开发人才相对急需，而区块链的推广、使用人才需求还没有那么迫切，这和区块链在金融业中的发展阶段密切相关，国内的应用场景目前还落地较慢。

---

① 迈尔－舍恩伯格，库克耶. 大数据时代 [M]. 杭州：浙江人民出版社,2013.

② 刘平，高一兰. 实用金融科技教程：从互联网金融到科技金融 [M]. 北京：中国金融出版社,2020.

三、人工智能金融的开发、推广和应用人才

人工智能作为新一代基础设施建设的重要组成部分，正发挥着越来越重要的支撑作用。在人工智能与行业应用的结合上，智能金融发展势头如火如荼，特别是在线上支付、信贷融资、风险管理、产品定价、投资顾问等领域，越来越扮演着重要角色。我们通过对智联招聘、BOSS 直聘官方网站上发布的招聘启事进行人才需求分析，发现智能金融的人才需求还是主要集中在"深度学习算法""数据分析""数据建模"等领域，要求的基础技术普通为熟练使用"Python""Java"。这就告诉我们，智能金融开发人才与推广和使用人才相比是在就业市场上更为急需的。其实，受制于发展历程较短、人才储备不足、培养机制不完善等原因，高校和企业等各界人才培养速度无法匹配产业扩张速度，导致人工智能产业人才供需处于严重失衡状态，预计 2020 年度的有效人才缺口将达到 30 万人。[1]人工智能高等教育尚处于起步和发展阶段，开发、推广和应用人才的短缺状态将长期存在。金融业目前比较偏爱在智能营销、智能客服、智能风险控制等领域大力推动人工智能的落地，这将会极大地提升金融业的服务效率和水平，金融职业教育的人才培养定位必须尽快适应这种变化，努力培养人工智能金融的开发、推广和应用人才。

四、数字人民币的推广和使用人才

数字货币作为新一代货币形态，受到了各国中央银行的高度重视，纷纷推出本国的数字货币。数字人民币作为全球领先的主权货币，在中国人民银行的大力推动下，秉持"二元"发行结构，中国人民银行、主要金融机构和最终用户形成了良好的运行闭环，在许多消费场景中得到了广泛应用。在《关于推进北京城市副中心高质量发展的实施方案》中，金融科技创新发展方向得到了进一步明确，有关政策积极支持金融机构和大型科技企业在城市副中心设立金融科技公司、开展金融科技创新活动，突出强调了在北京城市副中心"建设法定数字货币试验区和数字金融体系，积极推进城市副中心开展法

---

① 杨涛,贲圣林.中国金融科技运行报告(2021)[M].北京:社会科学文献出版社,2021.

定数字货币试点，积极吸引大型银行等依法设立数字人民币运营实体，吸引符合条件的银行参与直销银行试点，探索建设数字资产交易场所"的大胆设想，这将会进一步推动数字人民币在北京的落地应用。

第二节 新型客户服务人才需求将有序增长

随着金融机构运营方式的转型，金融机构提供的客户服务将有别于现有的服务方式，主要提供在线远程服务、自助交易指导、人工智能服务等新型服务方式。这些新型服务方式的出现将直接减少现场服务人员，取而代之的是需要补充大量技术服务支持人才。这类人才需要的数量和质量取决于金融机构的技术使用情况，具体来说，主要体现在以下几个方面。

一、呼叫中心的客服专员或远程柜员

在传统服务模式下，当进入银行、证券等金融机构营业网点的时候，客户最为在意的是网点里的柜台、机具以及工作人员带给他们的感受。无论客户有什么需求，营业网点都会尽力提供相应的服务或解决方案，这将会帮助客户建立对金融机构营业网点的信赖与依靠。当客户离开金融机构营业网点的时候，客户不会担心自己的金融资产出现问题，也很少会就已办理完毕的相关业务致电金融机构营业网点。

在金融科技带来巨大改变之后，当客户不再进入银行、证券等金融机构物理营业网点办理业务的时候，他们与金融机构的"面对面"的沟通减少了。然而，这并不意味着客户与金融机构的联系减少。相反，他们与金融机构的联系反而加强了，由"面对面"迅速转向"键对键"，这种新的联系方式比"面对面"的联系时间更长、频率更高、黏性更强。客户会发现，这种新的联系方式不仅节约了整块时间，可以利用零星的碎片时间，而且减少了交通环节，使用成本低，服务方式便捷，这使得客户更为经常主动地联系金融机构客服呼叫中心。这就给金融机构服务的时间安排和人员安排带来了挑战，客户几乎是 24 小时都有需求提出。因此很多金融机构的呼叫中心的服务人员需求急

剧增加，需要提供的服务种类越来越复杂，服务质量要求也越来越高，由此导致很多金融机构的呼叫中心人员大量短缺，甚至整个行业都饱受这一问题的困扰。现有的呼叫中心急需的人才岗位中除了咨询服务岗，还有很多岗位是远程柜员岗等，这些岗位可以帮助客户实现账户管理、权限开通、信息更正等基本的业务办理。

二、自主交易服务的在线或远程服务支持人员

当客户不再经常进入银行等金融机构的物理营业网点以后，他们中的大部分都开始采用自主交易方式，通过互联网平台或机构客户端主动接受银行、证券、基金、保险等金融机构的业务服务。在这样的服务模式变化背景下，为自主交易服务提供在线或远程服务支持的人员需求急剧上升，"键对键"的服务专员需求旺盛。随着人工智能在金融行业的快速渗透，金融服务机器人以线上软件或线下硬件的形式出现了，很大地缓解了服务压力，这也导致与之相伴随的服务机器人的服务支持岗应运而生。而且随着服务机器人的不断迭代，对服务支持岗的要求也越来越复杂。不仅要熟悉金融业务，更要熟练掌握服务机器人的技术支持规程，业务技术复合型的人才需求凸显。现在很多金融机构在开展业务的时候，不再采用发宣传单和广告招贴的传统方式，而是制作易于传播的二维码，供客户"微信扫码"。客户"微信扫码"后，点击关注"微信公众号"，后台的服务机器人会自动推送相关产品和服务信息，并辅以服务支持岗的人员进行持续服务，从而进一步降低金融业的"获客"成本。

三、金融科技应用的技术开发协作人员

随着金融科技应用的快速发展，特别是大数据、人工智能、区块链等先进技术进一步向金融行业渗透，仅仅从事服务支持已经不能满足金融业对新型服务人才的需求，取而代之的是熟悉各类金融科技应用底层逻辑和业务场景的复合型技术服务人才。这类人才既能通过与客户的"面对面"服务和"键对键"沟通深入了解客户的业务需求，更能与金融科技应用开发人员进行技

术协作，设计出更符合客户个性化需求的金融科技应用产品，推动着金融科技应用在不同业务场景下与客户个性化需求的精准对接和优质服务，成为金融科技应用在各个金融业务场景落地的有力推动者。

第三节 金融产品创新人才需求将持续增长

随着金融科技应用的不断普及，金融机构必须提供更能适应客户需要的金融产品，这就需要金融产品创新设计人才。目前，金融机构提供的金融产品还主要立足于传统的资产负债理论，不外乎从资金端、资产端、中间端三个维度出发，不断扩大金融业务规模，设计思路基于小规模数据支持下的风险管理理念。随着大数据金融的迅猛发展，金融机构对客户画像及个性化风险识别能力的提升，未来的金融产品将出现定制化、个性化的趋势，这就需要大量的金融产品创新人才。具体来说，主要体现在以下几个方面。

一、金融产品创新设计人才

随着大数据和人工智能等金融科技的不断进步，特别是智能风险控制技术的迭代，客户画像变得越来越准确，定制化服务的边际成本越来越低，金融机构完全可以利用大数据和人工智能等金融科技的支持，设计出个性化的金融产品。由此，金融产品创新设计人才的需求应运而生。金融产品创新设计人才需要在精准把握客户风险的前提下，充分挖掘所在金融机构的业务专长和优势资源，创新设计金融产品，助力所在金融机构形成产品的核心竞争力。

二、金融产品创新营销人才

金融产品的营销一直是金融机构的主要工作任务，特别是对于基层的分支机构和普通员工更是如此。在传统的营销模式下，除了营业网点服务人员的现场营销，金融机构主要依靠客户经理、投资顾问、保险代理人、财富管理顾问等专业岗位的主动推销，推销方式业主要是通过报告会、专题讲座、专项体验等线下活动来吸引客户与金融机构建立深度连结，进而推销产品。但随着产品和服务的线上化，客户不再与金融机构"面对面"，更多地需要借助网络工具开展线上营销，由此金融产品创新营销人才的需求应运而生。这种人才需要充分利用互联网平台、金融机构客户端等新的客户媒介，根据金融产品的市场定位和产品特色，设计出针对性强的营销方案，采用精准投放广告的方式，来将金融产品信息和服务方式送达客户手中。

三、金融产品创新服务人才

金融产品借助线上的精准营销送达客户手中之后，有效服务必须快速跟进，这就要求创新服务人才必须具备高水平的专业能力，可以以专业人士的服务水准在短时期内高效解答客户提出的各种问题。服务人才应能通过对于专业问题的分析、判断得到客户的充分认可和信任，还必须具备高水平的技术能力，能为客户购买金融产品提供客观、专业的指导和帮助。通过专业服务和技术支持两种能力的体现，金融产品创新服务人才使得个性化的创新产品和精准化的创新营销真正落地，将金融机构的创新产品转化为客户的财富工具。

北京金融职业教育发展：现实图景与未来趋势

第四章 北京金融高等职业教育"十三五"期间的发展状况分析

"十三五"期间，北京纳入质量年报统计范围的独立办学的高等职业院校从 2016 年的 24 所增长到了 2020 年的 25 所。与京津冀、"长三角"和"珠三角"地区的其他兄弟省市的高职院校以及北京本地区的高等院校相比，数量并不算多，处于部属高校、市属普通高校、高职院校中的第三梯队，位置不突出（见表 4-1）。

表 4-1 "十三五"期间北京高职院校数量（不含首都经济贸易大学密云分校）

项目	2016 年	2017 年	2018 年	2019 年	2020 年
数量（所）	24	25	25	25	25

资料来源：北京教委。

北京的高职院校目前存在几类管理形式，不同的管理形式并存，不同的行政级别同在，不同的经费拨付方式并存。第一类是北京教委直管，这类高职院校主要有北京电子科技职业学院、北京工业职业技术学院、北京财贸职业学院、北京经济管理职业学院；第二类是北京其他委办局和区县政府直管，这类高职院校主要有北京农业职业学院、北京青年政治学院、北京政法职业学院、北京劳动保障职业学院、北京卫生职业学院、北京戏曲艺术职业学院、北京体育职业学院、北京京北职业技术学院;第三类是国家部委直管,这类高职院校主要有北京社会管理职业学院;第四类是企业办学,这类高职院校主要有北京信息职业技术学院、首钢工学院、北京北大方正软件职业技术学院、北京经济技术职业学院;第五类是民办教育,这类高职院校主要有北京培黎职业学院、北京汇佳职业学院、北京科技职业学院、北京经贸职业学院、北京艺术传媒职业学院、北京网络职业技术学院;第六类是市属本科院校与区县合办的高职院校,这类高职院校主要有首都经济贸易大学密云分校。

北京的高职院校主要按照服务行业的领域进行布局,比如农业领域有北京农业职业学院,工业领域有北京工业职业技术学院、北京电子科技职业学院、首钢工学院,财经商贸领域有北京财贸职业学院、北京经济管理职业学院、北京培黎职业学院、北京经济技术职业学院、北京经贸职业学院,信息、软件和网络服务领域有北京信息职业学院、北京北大方正软件职业技术学院、北京科技职业学院、北京网络职业学院,文化、教育、艺术、体育领域有北京戏曲艺术职业学院、北京汇佳职业学院、北京艺术传媒职业学院、北京体育职业学院,社会服务领域有北京社会职业学院、北京劳动保障职业学院,政治法律领域有北京青年政治职业学院、北京政法职业学院,交通领域有北京交通职业技术学院、北京交通运输职业学院,卫生领域有北京卫生职业学院,综合领域有北京京北职业技术学院(见图4-1)。

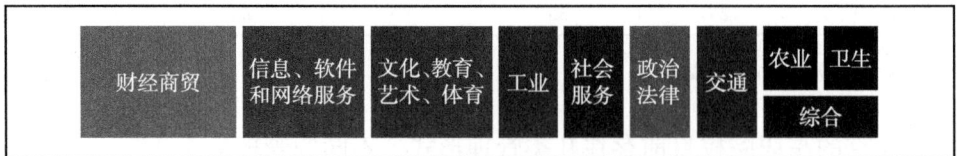

财经商贸	信息、软件和网络服务	文化、教育、艺术、体育	工业	社会服务	政治法律	交通	农业 卫生 综合

图4-1 北京社会高职院校服务领域分布情况

北京的高职院校在全国职业教育改革的征程中,始终勇立潮头。目前,北京有国家级示范性高职院校3所,分别是北京电子科技职业学院、北京工业职业技术学院、北京财贸职业学院；教育部"双高校"3 所，分别是北京电子科技职业学院、北京工业职业技术学院、北京财贸职业学院；有国家级示范性职业教育集团（第一批）7 个，分别是联想职业教育集团、北京交通职业教育集团、北京现代服务业职教集团、北京商贸职业教育集团、北京现代制造业职业教育集团、北京电子信息职业教育集团、北京人力资源服务职业教育集团。

第一节 北京金融高等职业教育"十三五"期间专业布局情况

中国特色高水平高职学校和专业建设计划在北京开展得如火如荼，有 3 所高职院校入选高水平学校建设单位行列，分别是北京电子科技职业学院、北京工业职业技术学院和北京财贸职业学院；还有 4 所高职院校入选高水平专业群建设单位行列，分别是北京农业职业学院、北京信息职业技术学院、北京劳动保障职业学院和北京交通运输职业学院。在 3 所中国特色高水平高职院校中，有 2 所高职院校开设有金融职业教育，分别是北京电子科技职业学院和北京财贸职业学院；在 4 所入选高水平专业群建设单位的高职院校中，也有 2 所高职院校开设有金融职业教育，分别是北京农业职业学院、北京信息职业技术学院。

北京市特色高水平职业院校建设计划有 8 所高职院校入选，其中 4 所院校开设有金融职业教育，分别是北京电子科技职业学院、北京财贸职业学院、北京农业职业学院和北京信息职业技术学院；入选北京市特色高水平骨干专业（群）建设计划的有科技金融、数字财金、大数据财贸专业群，分别由北京财贸职业学院、北京经济管理职业学院和北京培黎职业学院开设。

此外，还有 2 所民办职业院校开设有金融职业教育，分别是北京经济技术职业学院和北京科技职业学院。

一、金融类专业开设相对分散

"十三五"期间，北京有约 30% 的高职院校开设金融专业，总体来看开设的金融专业类别多、覆盖面广，显示有过度分散的弱点，学生人数较为集中在金融管理专业，个别专业在校生数量较少（见表4-2）。

从院校角度来看，主要有10所高职院校开设金融专业，分别是北京财贸职业学院、北京电子科技职业学院、北京经济管理职业学院、北京青年政治学院、北京农业职业学院、北京培黎职业学院、北京经贸职业学院、北京经济技术职业学院、首都经济贸易大学密云分校、北京信息职业技术学院。

表4-2　北京金融高等职业教育专业布局数量变化一览表

项目	2016年	2017年	2018年	2019年	2020年
数量（所）	10	11	10	11	10

资料来源：北京市教委。

从专业开设情况来看，"十三五"期间，金融专业开设较为分散，龙头专业名称有所变化，新专业不断涌现。"十三五"期间，北京高职阶段开设的金融专业主要有证券与期货专业（2016年由原金融与证券专业更名）、金融管理专业、国际金融专业、投资与理财专业、互联网金融专业和保险实务专业等6个专业。教育部专业目录内共有7个金融类专业，除信用管理专业外，其余均有开设。各个开设金融类专业的高职院校中，大部分是单一专业为主，仅有北京财贸职业学院和北京经济管理职业学院的专业类型相对全面，初步形成了金融专业群。

二、金融类专业招生规模较小

"十三五"期间，北京高职金融类专业有金融服务与管理（原金融管理）、国际金融、金融科技应用（原互联网金融）、证券实务（原证券与期货、金融与证券）、保险实务和财富管理（原投资与理财）共6个专业招生，总体招生规模在484~723人之间（见图4-2），各年有小幅波动。从所调研的10所院校平均数量看，受制于北京高考生源的持续萎缩，北京高职阶段金融招生总体规模和办学规模效益明显不足，各个金融专业都面临着招生困难的局面。

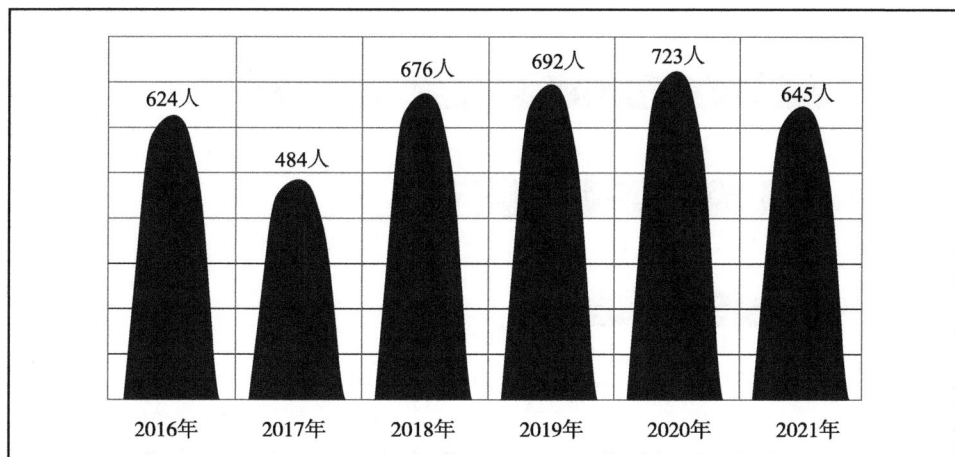

图 4-2　2016—2021 年北京高职院校金融专业招生数量变化

资料来源：北京高职院校金融专业建设调查。

　　从学生分布情况来看，各专业学生数量呈现不平衡特征，有三个专业延续性好，一个专业停招。具体来看，6 个专业招生中金融服务与管理专业延续性最好，占招生数量的半壁江山，且开设院校最多（4 所院校开设）；国际金融、互联网金融两个专业有两所院校开设，延续性较好；互联网金融专业是在"十三五"中期开始开设的，招生数量较为稳定；证券实务专业处于逐步削减状态，"十三五"期间有四所院校开设，到"十三五"末期有三所院校停招；财富管理专业在"十三五"末期有一所院校招生；保险实务专业有一所院校在"十三五"前两年招生，后停招至今。信用管理专业在"十三五"期间未开设。

　　北京的高职院校中，约有 50% 面向全国招收金融专业学生，30% 的高职院校金融专业仅市内招生，20% 面向区域招生（见图 4-3）。

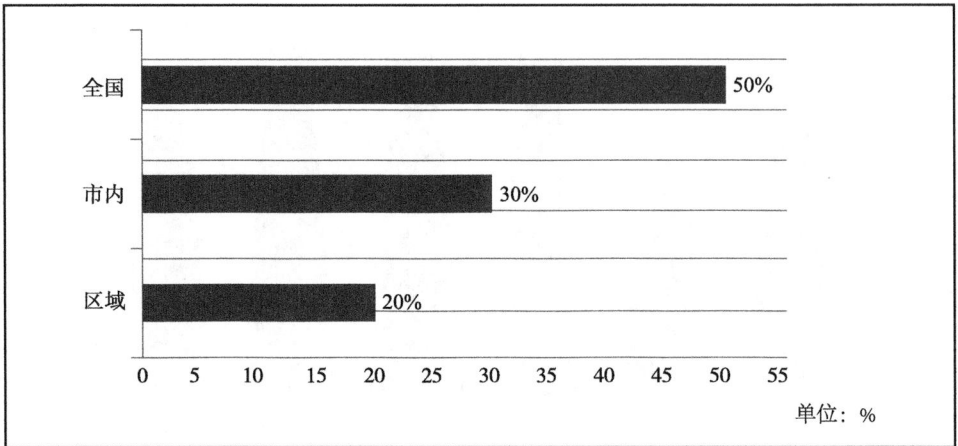

单位：%

图 4-3　北京高职院校金融专业招生面向区域情况

资料来源：北京高职院校金融专业建设调查。

三、金融类专业培养定位集中

基于所处的地理区位优势，北京金融类专业人才培养方向主要集中于传统的银行、证券、保险等金融公司的用人需求，采用订单式或校企合作培养的方式，以银行、证券、保险等业务环境、业务流程为背景实行仿真化教学，多数院校探索通过金融行业企业的业务骨干人员参与专业课程教学与实践指导等途径实现深度融合，培养理想信念坚定，具有社会主义核心价值观和一定的科学文化水平，具有良好的人文素养、职业道德和创新意识以及精益求精的工匠精神，德、智、体、美、劳全面发展，有较强的就业能力和可持续发展能力，掌握银行、保险、证券等金融投资分析、理财规划等知识和技术技能的毕业生并面向银行、保险服务、智能理财和数字运营等财金岗位群，培养能够从事金融产品设计、服务和营销的高素质技术技能人才。

在人才培养定位的具体岗位方面，排名第一位的定位是客户经理岗位，主要从事金融投资咨询、产品销售顾问类岗位工作，占比最高，达90%；排名第二位的定位是后台运营等运营类岗位，占比为60%；排名第三位的定位是尽职调查等服务类岗位，占比为50%；排名第四位的定位是金融数据采集、数据分析等研发类岗位和产品经理、项目管理、风险控制等产品类岗位，占比都是40%（见图4-4）。

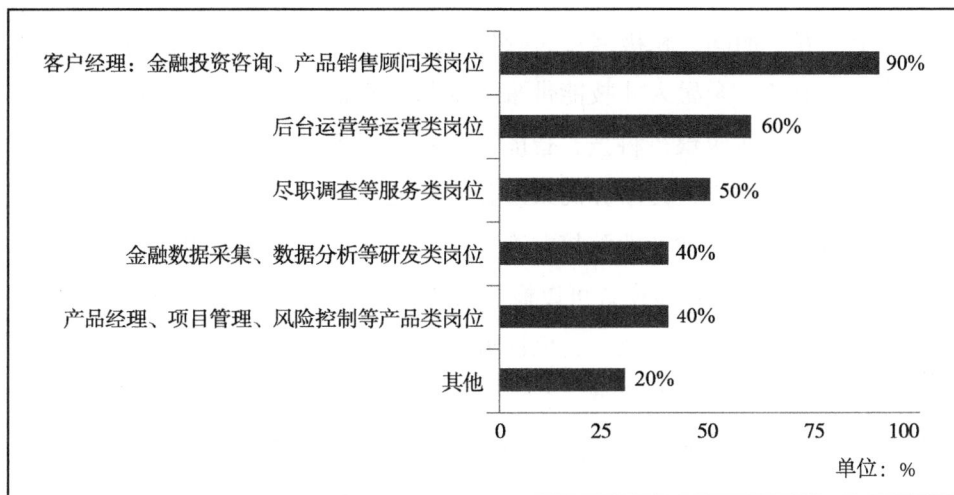

图 4-4　北京高职院校金融专业人才培养主要面向的岗位

资料来源：北京高职院校金融专业建设调查。

四、金融类新专业广受欢迎

在"十二五"期间，北京金融业发展比较好的主要是银行、证券、保险等传统金融行业。在"十三五"中期，随着金融行业的快速变革，北京金融高等职业教育的新专业应运而生，先后产生了互联网金融等新专业。在"十四五"初期，互联网金融专业更名转型为金融科技应用专业。北京高职院校很快抓住了这个时机，积极申报开设金融科技应用专业，连过去综合实力较弱的高职院校也在积极布局这个新专业。

第二节 北京金融高等职业教育"十三五"期间专业建设情况

一、金融类专业数字化转型升级迅速

"十三五"期间，积极迎接大数据、人工智能、云计算、区块链等信息科技给金融业务、金融人才技能带来的变革，北京高职院校金融专业加快数字化转型，主动适应银行科技、智能投资顾问与程序化交易、保险科技、监管科技等领域需要，大力培养高素质技术技能人才。目前，北京已开设数字化转型技能课程的金融专业院校共有 6 所。以北京经济管理职业学院为例，金融专业转型升级的具体模式可以概括为"1+2+5+6"的金融专业信息化建设模式思路：以人才培养为核心，面向教学、服务两大层面，围绕专业建设、技能培养、科研成果、产业链、企业机构共 5 个维度，建设课程体系、实训平台、教学科研、创新创业、就业协助、师资队伍共 6 项内容（见图 4-5）

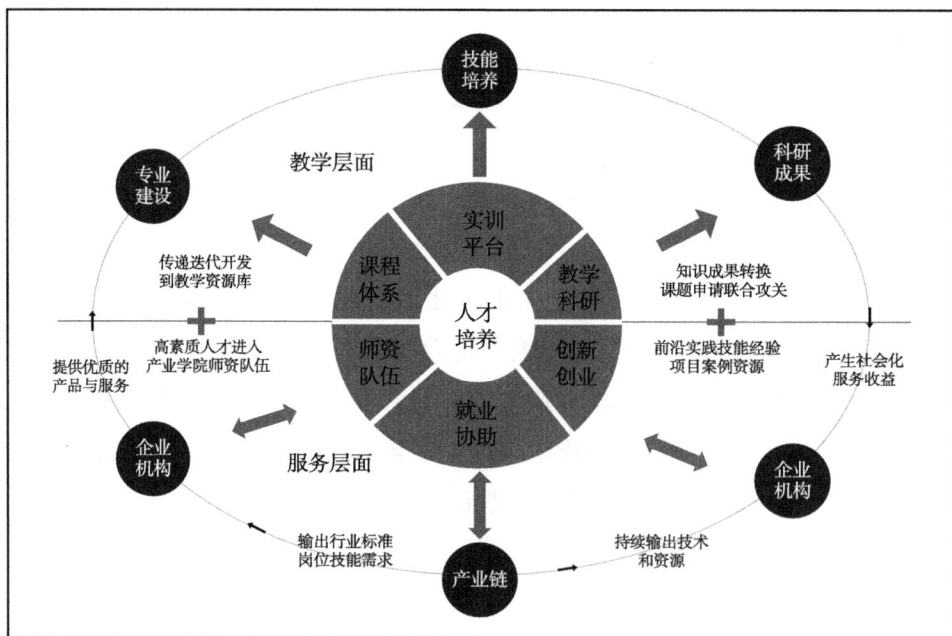

图 4-5 北京经济管理职业学院金融专业信息化建设模式

资料来源：北京经济管理职业学院。

其中，最主要的内容和一个核心和两大层面。

(1) 一个核心。以人才培养为核心，培养复合型、管理型、创新型金融人才。

(2) 两大层面。两个层面分别是指教学层面和服务层面。

教学层面：落实立德树人根本任务，围绕专业建设、技能培养、科研成果共三个维度，将价值塑造、知识传授和能力培养三者融为一体。通过金融法律法规教育、投资者保护教育，帮助学生塑造正确的价值观、金钱观、财富观。通过系列课程体系建设，建立完善科学的实训平台，提高学生知识内化能力和动手实操能力。通过课题申报、联合科研攻关、知识成果转化等形式，提升教师教学科研水平。

服务层面：围绕金融产业链与业内知名企业机构合作，迭代开发教学资源库，将商业需求与行业标准转化为课程标准，进行实际场景岗位职责与需求分析，建立岗位能力标准，促进院校课程建设。提供高素质人才进入教学团队的渠道，共同推进师资队伍建设。通过加强多方合作，包括院校之间、校企之间以及国际交流合作，传递前沿实践技能经验和项目案例资源，增强学校科研实力，深化校企合作，持续输出技术与资源，产生社会化效益。通过就业协助与创新创业辅导，提供相应的实习/见习工作机会，提升学生的就业竞争力，提高就业率，让高素质的人才进入产业链，加强院校对当地经济的促进作用，提升院校办学能力以及品牌影响力。

二、金融类专业教学资源库建设参与程度较高

金融专业教学资源库将金融资源合理积累、存储、使用，以金融类资源共享为目的，以创建金融精品资源为核心，面向金融资源处理，为师生及社会提供专业教学资源。"十三五"期间，北京高职院校金融专业全部建成金融专业教学资源库。其中，国家级金融专业教学资源库3个，占比约为27%；市级金融专业教学资源库1个；校级金融专业教学资源库7个，占比约为64%。与浙江省的金融职业教育相比，北京的金融职业教育在专业教学资源库建设方面仍存在较大发展空间。

"十三五"期间，北京高职院校金融专业教学资源库的特点如下：适应"互联网＋职业教育"发展需求，具备信息化特征。各校金融专业加快数字化课程资源建设，促进信息技术与教育技术的深度融合。依托数字化教学资源包、专业教学资源库平台、在线教学平台、精品在线开放课程建设和新形态教材建设载体，不断提升资源库课程建设的水平和质量。具备线上教学或线上线下混合教学条件，探索出教与学的专业教学模式。校级专业资源库平台成为职教体系互联网＋学习体系建设的核心，能够用来进行课程建设、学习资源共享，以及开展网络教学服务、自主学习服务、实践学习管理等各项教学及社会化服务。

北京高职院校金融专业教学资源建设仍存在明显不足，如专业教学资源建设和职业技能等级证书、专业赛项等融合不足；金融行业企业参与专业教学资源规划、建设、应用和推广的深度不足。

三、金融类专业"三教"改革平稳有序推进

教师、教材、教法（教学方法）是人才培养的核心要素。

教师是"三教"改革的关键。结合北京高职院校金融专业在岗教师人数和职称情况看，北京高职院校金融专业在岗教师师资力量充沛，专业研究能力突出，具有高级职称的教师比例高达44.6%，北京高职院校均已完成教师改革。除了更新自身专业知识、发展专业素养，北京高职院校金融专业教师还重点加强现代信息技术素养培训，推进高水平、结构化教师教学团队在信息技术应用方面的水平。

教材是"三教"改革的载体。在教材编写方面，校企合作开发数字化教材是发展趋势和方向，虽然90%的北京高职院校已完成教材改革，但80%的北京高职院校金融专业负责人在调研中表示缺乏深度校企合作是目前北京高职院校金融专业建设遇到的重点困难之一。目前金融专业教材建设缺乏有影响力的国家级规划教材、新形态教材。2021年的国家级教材评选中，北京高职院校没有金融专业教材入选。由此可见，校企合作开展教材建设是"三教"改革中的关键和难点。

教学方法的改革是提升教学质量的重点形式。90%的北京高职院校已完

成教学方法的改革，积极利用新技术，创建多维学习空间。然而，有40%的北京高职院校金融专业负责人指出，缺少必要的实训场地成为影响金融专业建设的重要因素。金融专业的教法改革仍在路上，迫切需要和新技术结合，实训场地建设也必须能有效支撑教法改革。

总体来说，北京高职院校金融类专业"三教"改革平稳有序推进（见图4-6）。

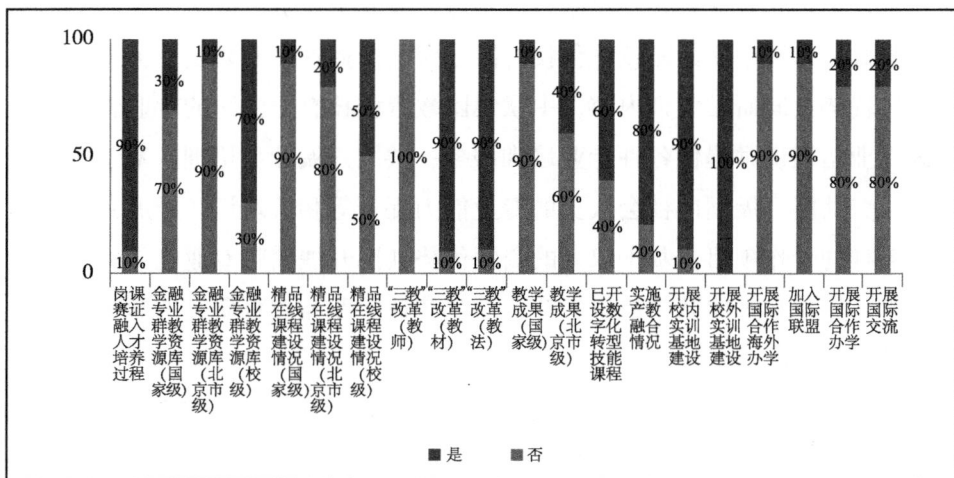

图4-6 "三教"改革专业建设情况

资料来源：北京高职院校金融专业建设调查。

四、金融类专业校内外实训基地建设不断加强

构建丰富学习场景，搭建校内外实训室，支持情境式教学是实训基地建设的应有之义。在此，我们通过三个典型案例来进行分析和展示实训基地对于专业建设的促进和推动。

（1）以北京经济管理职业学院的校内实训中心为例。北京经济管理职业学院不断加强生产性、共享型实训基地建设，在校内建设与企业一致的实践条件和环境，有效的开展实践教学、资源共享、科技创新和社会服务。建设了近1400平方米的"经管类专业综合实习实训中心"，训练经管类专业学生创

新创业及企业、网店运营能力，培养经管类专业学生的资金管理与应用、融资与投资能力，以及培养学生的数字化企业运营与综合管理能力；建立了演播室和导播室，创设真实数字媒体环境，由企业管理实务工作人员在企业环境下开展实践教学和实战训练。

(2) 以北京财贸职业学院的生产性、共享型实训基地建设为例。2019 年 11 月 1 日，中联集团教育科技有限公司和北京财贸职业学院签订了《培训项目合作协议》，双方约定共同建立培训站点，以北京财贸职业学院校内实训基地为基础，引入中联集团教育科技有限公司的产业资源和真实业务，基于双方资源优势共同研发培训内容，中联集团教育科技有限公司的专业管理人员作为专业培训讲师提供各种专业培训服务；共同开展社会培训，基于双方的资源优势共同开展面向社会人员的专业能力提升等相关培训，开展其他方面形式多样的合作项目；基于双方的资源优势共同开展教师专业能力提升等相关培训，深化教师团队的校企融合，加强产业实践与教育研究的紧密结合，加速教师成长。

(3) 以北京电子科技职业学院的产教融合实训基地为例。北京电子科技职业学院按照智慧财经、大数据技术与应用的需求，建成了集实践教学、社会培训、技术服务等功能于一体的产教融合实训基地，将社会前沿技术融入实践教学中，开发紧密结合社会前沿技术的实验实训项目，提高了实践教学质量。

五、金融类专业"岗课赛证"综合育人正在加强

调研数据显示，在接受调研的 10 家院校中，有 9 家院校表示都已将"课岗赛证"融入人才培养过程。就技能比赛和专业证书而言，北京高职院校金融专业带头人普遍认为，证券从业资格证、基金从业资格证和银行业专业人员职业资格证书为金融专业最重要的三大证书，初级会计职称证书等其他证书的重要性相对靠后。经分析，形成这一现象的主要原因如下：第一，证券、基金、银行从业资格直接对口金融专业人才的就业岗位，满足学生就业需求，相对而言，初级会计职称证书在金融专业专业对口性较弱；第二，部分其他相关证书社会认可度不足，对学生缺乏激励感。

调研结果同时显示，按对专业建设取得成效选项的排名来看，依次为就业、国级和市级技能比赛、资格证书等。该排名显示出就业和技能比赛对金融专业建设的重要意义；同时也发现，"1+X"证书（学历证书＋若干职业证书）对高职院校金融专业的参与度要求更高、贡献度更高。由此可见，在职业证书领域，今后社会评价机构应开发更多的具有广泛影响力和认可度的证书。

六、金融类专业现代学徒制改革取得成效

现代学徒制作为人才培养的重大改革项目，在北京金融高等职业教育领域进行了改革试点。以北京财贸职业学院为例，该校的金融管理专业，与人银金融信息服务（北京）有限公司等企业合作，率先开展教育部首批现代学徒制试点，完成招生招工一体化，完善人才培养制度和标准，形成校企互聘共用的师资队伍，实现了现代学徒制校企协同育人。在现代学徒制试点中，北京财贸职业学院探索构建了学校、第三方平台和若干家金融机构相互衔接的"1+1+N"金融管理专业现代学徒培养模式和运行机制，创造性探索并破解了金融管理专业不能直接和金融机构签订三方协议、实施现代学徒制的人才培养改革难题。

七、金融类专业"双师型"教师数量逐步提高

目前，北京高职院校金融专业现有教师总计101人，其中教授9人，占比约为8.9%；副教授36人，占比约为35.6%，具备高级职称的专任教师共45人，占比约为44.6%；具有博士学位的教师24人，占比约为23.8%。在调研中发现，受北京人事管理政策的约束，各个高职院校教师招聘多以硕士研究生为最低门槛，近年来随着博士毕业生的加入，入职学历呈现提高的趋势。

北京金融高等职业教育的教师队伍学历水平较高。目前北京金融专业教师多数是经济学科的硕士、博士学历，随着校企合作的深入、金融科技的发展，急需引进既掌握计算机技术又精通金融知识、技能的复合型人才。这需要从两个方面做工作来解决这个问题：一是鼓励在职教师带着使命到企业挂职锻炼，专业老师将理论教学与实践相结合，通过参加企业考察、调研、培训和

交流学习，提高自身的实务能力，运用到教学中，丰富教学内容，提高教学质量；二是引进金融行业、金融科技行业的企业专家，充实"双师型"教师队伍。调研结果显示，北京金融高等职业教育的"双师型"教师共有87人，占比约为86.1%，"双师型"教师占比相对较高（见图4-7）。

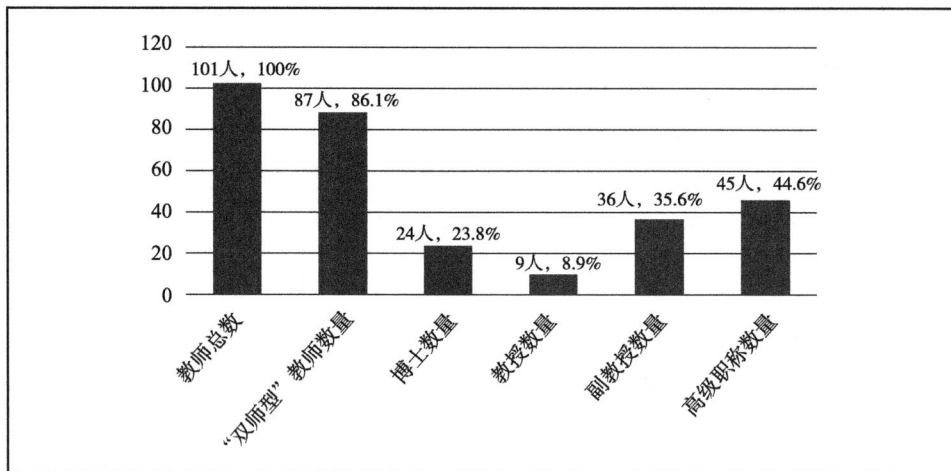

图 4-7　2021 年北京高职院校金融专业教师数量分布情况

资料来源：北京高职院校金融专业建设调查。

虽然调研结果显示北京金融高等职业教育的"双师型"教师占比约为86.1%，但是认定标准相对宽松，"双师型"教师的实际胜任能力还有待提高。例如，北京高职院校对教师到企业实践的规定，要求比较高的是每年三个月到企业实习，要求比较低的是每五年中至少有半年到企业实践。以北京电子科技职业学院为例，每三年实践半年，包括脱产、半脱产、自主安排，每位教师每年可安排二十天，累计计算企业实践时长；教师到企业全脱产和半脱产均需要完成多项任务，包括实践报告、课程改革、横向课题等；教师既可以自主联系实践企业，也可以到学校推荐的合作企业实践。

八、金融类专业毕业生就业质量尚可

基于经济社会发展的区域优势，北京金融高等职业教育的毕业生就业可选择的工作岗位较多，就业率较高。有数据显示，90%的高职院校金融专业就业率在95%以上，仅有一所高职院校金融专业就业率处于90%~95%之间。

北京金融高等职业教育的就业质量也较好，毕业生的就业对口率相对较高。有数据显示，在被调研的10所高职院校中，金融专业就业对口率超90%的有1所，专业对口率位于70%~90%之间的有4所，专业对口率位于50%~70%之间的有4所，专业对口率低于50%的有1所（见图4-8）。

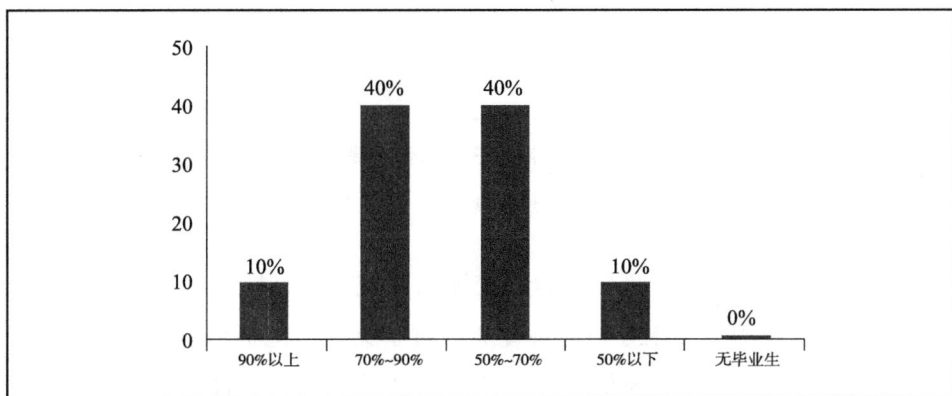

图4-8 北京高职院校金融专业的对口就业率分布情况

资料来源：北京高职院校金融专业建设调查。

九、金融类专业国际化程度有待提高

北京金融高等职业教育与国际院校的合作交流内容较少，交往程度不足。在被调研的10所高职院校中，仅有3所院校开展了国际交往与合作。其中，1所高职院校金融专业的国际合作比较全面，开展了海外办学，建立了国际联盟，搭建了国际合作办学平台，也具备了较强的国际交流能力；另外2所高职院校金融专业分别开展了国际合作办学和国际交流（见图4-9）。

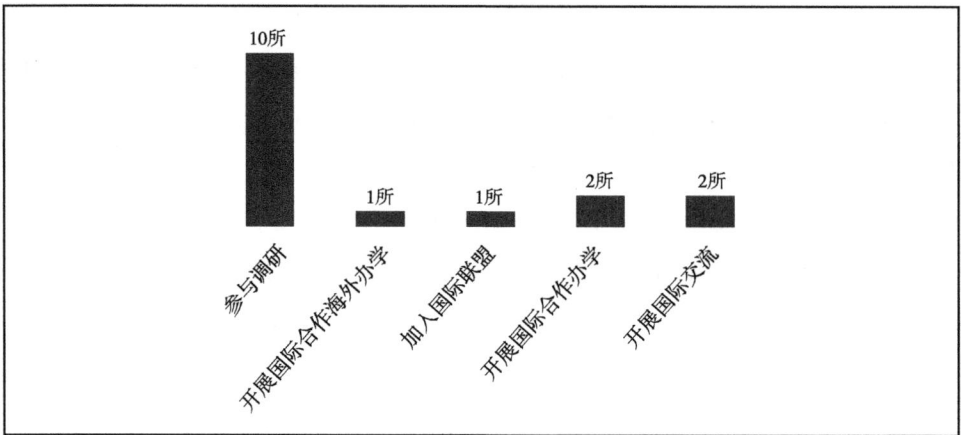

图 4-9　北京金融专业开展国际交往与合作的高职院校数量分布情况

资料来源：北京高职院校金融专业建设调查。

　　北京高职院校中，开展国际合作交流的比较有典型性的代表是北京财贸职业学院，该校的金融服务与管理专业通过了英国规范资格框架（RQF）和欧洲资格框架（EQF）的评估认证。2020 年 7 月，该项目启动，金融管理专业教师团队钻研国际专业评估认证工作流程和技术要求，对标英国规范资格框架（RQF）和欧洲资格框架（EQF）进行相关研究。2020 年 10 月，该校完成了 34000 字的金融管理系自评报告、佐证材料清单以及 85 项佐证材料。2020 年 11 月，学历学位评估认证国际研讨会召开，金融管理专业完成自评报告汇报，专家进行点评。2021 年 1 月，召开学历学位评估认证项目初审阶段简报会，专家反馈初审意见，并进行问答交流。2021 年 3 月，撰写初审整改报告，针对专家初审提出的 13 个问题进行回复。2021 年 4 月，针对专家不能进校进行审查的情况以及专家关注的问题，学校组织相关教师录制了 6 个专业英文解说版视频，并提供作业和试卷（扫描件）供评估专家审阅。2021 年 5 月，项目进行复审（专家）访问，学校和学院领导、相关部门教师以及金融管理系教师代表和学生代表参加了复审会，金融管理专业项目组完成相关问题的答辩。2021 年 8 月，撰写完成金融管理专业复审整改报告。2021 年 10 月，针对专家提出的意见，进行进一步改革和整改，向国际认证组织提交了课程考核改革的方案样本和学生成果样本，并完成了金融管理专业整改工作报告。2021 年 12 月，金融管理专业达到国际专业标准，经认证达到了英国规范资格框架 5 级以及欧洲资格框架 5 级的水平，同时获得国际质量标准证书。通过评估认证的金融与服务管理专业毕业生，可以向英国学术评审中心（UK NARIC）申请认证专业的国际可比性证书，并且得到英国和欧盟国家高校的认可，实现课程学分的认定和转让，方便学生海外留学申请，提高学生的国际流动性。北京财贸职业学院成为国内首家成功通过 UK NARIC 国际专业标准评估认证的高职院校，进一步提高了该校国际化办学水平，也是国际合作的最佳实践之一。

此外，北京经济管理职业学院将"北京特色优质经管类职教课程输出项目"作为核心建设内容推进 "北京 – 牛津商学院"项目建设，利用该校经济管理、财会金融类优势学科和特色专业，向英国输出该校优质职教课程。

总体上讲，通过北京财贸职业学院通过国际专业标准认证、北京经济管理职业学院课程输出等案例，北京金融高等职业教育在国际合作交流方面做了有益的探索，既有"引进来"，也有"走出去"，在提升北京金融高等职业教育质量的同时，也在一定程度上提升了北京金融职业教育的国际影响力。但是，还没有形成太多具有我国特色的金融类专业国际化标准，后续经过进一步完善后，可以将相关有益经验向国内推广，甚至向国际推广。

十、金融类专业校企合作深度不足

调研结果显示，在关于金融专业建设中遇到的困难方面，有 80% 的高职院校选择"缺乏深度的校企合作"，该选项的被选率排名第一；有 40% 的高职院校选择"缺少教学团队""缺少必要的实训场地"，这两个选项的被选率排名并列第二位；其次是"缺乏专业带头人""缺少必要的教学条件""缺少激励机制"等（见图 4–10）。

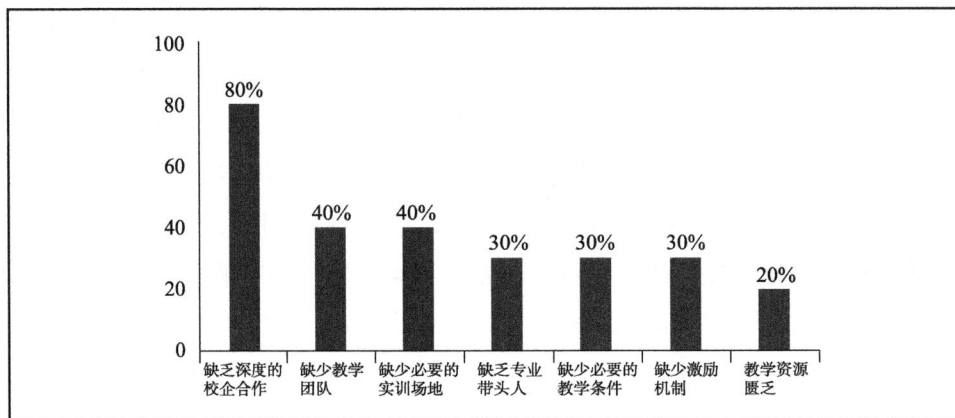

图 4-10　北京高职院校金融专业建设中遇到的困难

资料来源：北京高职院校金融专业建设调查。

虽然北京高职院校金融专业曾经与建设银行、光大银行、平安保险、民生银行等金融企业在专业招生、顶岗实习、教师互聘等方面初步进行了合作沟通，但是在如何具体推进深入合作方面还没有很好的落地措施。目前正在进行的校企合作方式还停留在建立金融企业专家库、推行"双导师"制、举办讲座等浅层次。

第三节　北京金融高等职业教育"十三五"期间人才培养情况

一、金融类专业人才培养规格存在差距

目前金融企业招聘用人的最低学历基本本科起步，这导致品学兼优、理论扎实、技能卓越的优秀专科层次高职院校学生在简历筛选环节便被淘汰。即使能通过初选，也大多采用派遣制方式，使得金融类专业专科毕业生的就业渠道相对较为狭窄，就业方式与学生期望相去甚远。调研结果显示，85%以上的金融类学生有专升本需求，但是现阶段北京实施专升本推荐考试制，仅有15%的专科学生可以获得升本机会，极大地限制了学生的学业上升空间。即使通过参加全国大学生技能大赛获奖的学生，也没有机会直接获得专升本

的资格。目前，仅有在入伍期间获得优秀士兵的退伍大学生，可以直接获得专升本的资格。因此，专升本、职教本科两个学历的上升通道亟待疏通并扩大，只有这样，才能增强北京金融高等职业教育的吸引力。在打通职业教育学生上升空间方面，江苏、浙江等地的高职院校进行了一些大胆尝试，比较有借鉴意义。

二、金融类专业人才培养改革力度不足

为了提升金融类专业人才培养质量，必须进行人才培养模式改革，切实做好理论实践一体化的人才培养模式建设。目前，除了现代学徒制之外，部分北京高职院校正在探索"工学结合"的产教融合育人机制，尝试实施"9+9+4"人才培养模式改革，即将每学期的人才培养过程重新设计成三段：9周在学校集中上课、9周在企业接受培训、4周假期在企业连续实习。这一模式改革既解决了理论学习的连续性问题，又解决了企业实习的连续性问题，在充分发挥学校和企业两个人才培养主体的合力的基础上来实现"双主体"育人。但是，在具体实施过程中，该模式面临着学校、企业、学生的多重压力，三方对接也有一定的障碍，培养成本和工作风险等问题难以解决，亟须政府出台相关政策指导、鼓励和扶持。

此外，还有部分高职院校在推进金融类专业"岗课赛证"一体化人才培养模式，让学生将学习重点集中于岗位要求，并将技能大赛和相关职业资格的内容纳入课程体系，充分地训练职业技能，切实达到学以致用的目的。但是，金融类技能大赛的赛项内容相对单一，目前仅限于商业银行业务技能，还没有形成覆盖证券、保险、新兴金融等大部分领域的大赛体系。此外，金融行业的职业资格证书也在变化调整，原来按照行业监管原则建立的职业资格逐步被调整，正在向着按照功能监管原则设立新的职业资格证书。这几个因素也在一定程度上限制了"岗课赛证"一体化人才培养模式的实施效果。

三、金融类专业职业资格证书面临"左右为难"的境地

现有的金融行业比较认可的职业资格证书，其内容主要集中于金融行业的基本理论知识，对于职业技能的要求相对不足。若想获得具有这种特点的

职业资格证书，最主要的学习方法就是反复记忆和大量做题。因此，在金融职业资格的通过率方面，接受普通本科教育的学生远远好于接受金融职业教育的学生。调研结果显示，大多数金融类专业人的才培养方案中，对金融职业资格证书的取得没有强制性要求。学生们也没有足够重视职业资格证书的考取，导致毕业后无法应聘金融企业中对职业资格有行业准入要求的相关岗位。

针对这一现状，教育部等部门联合印发《关于在院校实施"学历证书＋若干职业技能等级证书"制度试点方案》，部署启动"学历证书＋若干职业技能等级证书"（简称1+X证书）制度试点工作，组织遴选了许多培训评价组织来推出新的"X证书"，向用人单位、学生、学校推广，助力职业教育学生取得合适的职业资格证书。但是，目前许多与金融类专业相关的"X证书"的社会效力还处于实践检验过程中，金融行业企业对相关"X证书"的认可度还有待时间去验证。

第四节　北京金融高等职业教育"十三五"期间社会服务情况

北京金融高等职业教育在"十三五"期间的社会服务情况自我评价满意度较好，在携手助力脱贫攻坚、维护首都安全稳定、满足高品质民生需求、服务四个中心建设等多角度的评价分数均在3.3之上（见表4-3）。

表4-3　北京高职院校金融专业社会服务水平自我评价情况

社会服务内容	很不满意	不满意	一般	满意	很满意	平均分
携手助力脱贫攻坚	1(10%)	1(10%)	3(30%)	4(40%)	1(10%)	3.3
维护首都安全稳定	0(0%)	0(0%)	4(40%)	4(40%)	2(20%)	3.8
满足高品质民生需求	0(0%)	0(0%)	5(50%)	3(30%)	2(20%)	3.7
服务四个中心建设	0(0%)	0(0%)	4(40%)	4(40%)	2(20%)	3.8
小计	1(2%)	3(6%)	19(38%)	19(38%)	8(16%)	3.6

资料来源：北京高职院校金融专业建设调查。

一、金融类专业携手助力脱贫攻坚有贡献

北京金融高等职业教育积极落实《国家职业教育改革实施方案》，完善学历教育与培训并重的现代职业教育体系，积极发挥学校特色专业群优势，开发高端管理人员、技术人员、服务人员等培训项目；密切与政府、社区、企业、行业协会联系，为政府、银行等企事业单位开展培训业务；积极承办各类资格证书考试项目，服务社会群体，为市民终生学习提供支持。

北京金融高等职业教育服务农村发展，让金融大讲堂走进乡村。例如，北京财贸职业学院金融学院财经大讲堂走进了吕家湾村，面向西集镇"三农"的发展，进行了第一场财经职业培训讲座。金融学院王卫华、吕萍两位教师用诙谐幽默的语言、生动的案例为村民做了题为"金融诈骗防范与应对"的培训，近80位村民参加了讲座并纷纷点赞。

二、金融类专业维护首都安全稳定有成果

北京金融高等职业教育围绕服务退伍转业军人做好服务发展工作。在北京、河北等地举办"送政策、送培训"进军营活动，为3000多名士兵进行政策解读，并与多家用人单位达成战略合作，提供优质稳固的人才输送渠道。北京财贸职业学院、北京经济管理职业学院积极发挥退伍转业军人特长，共同选择创业项目并指导项目的打磨与落地实践，在多届"互联网＋"大赛中作为北京高职院校的军旅项目晋级全国总决赛，并最终获得职教赛道的银奖、铜奖。此外，北京高职院校还采用多种方式服务退伍转业军人，完善"军职转换"服务模式，建立退役军人学院，创建退役军人军职转换服务平台，为政府对退役士兵就业的安置决策提供智力支持。

三、金融类专业满足高品质民生需求有付出

北京金融高等职业教育积极加入北京学分银行，联手创建优质学习资源，助力市民终生学习体系。多数北京高职院校被授予北京学分银行联盟成员单位，携手其他成员单位推动资源共享、课程互选、学分互认，努力服务学习者，高标准建设"双高校"，助力北京学习型城市建设。

北京金融高等职业教育携手属地社区,成立社区学院,服务居民终生学习。例如,北京财贸职业学院继续教育学院与北京东城区的礼士胡同社区合作成立礼士社区学院,帮助社区居民就近到专业的场所进行学习,有利于满足群众日益增长的精神文化需求,有利于满足群众对继续教育和终身学习的渴望,从而进一步提升群众的生活品质,增强群众的获得感,提升幸福指数。

四、金融类专业服务四个中心建设有效果

北京金融高等职业教育积极开展国家级和北京级的教师培训项目。北京财贸职业学院的金融学院作为"国培"和"市培"基地着力搭建行业、企业与职业教育交互发展的创新平台,作为"1+X"证书试点院校承办北京"1+X"证书试点师资培训。每年,该院校都会举办金融专业的"双师型"教师专业技能培训和"1+X 证书"制度试点师资培训,覆盖了 14 所北京高职院校和 4 所中职院校。北京电子科技职业学院依托京台青年创新创业大赛,为京台两地青年创新创业提供支持,帮助青年人实现人生梦想。以大赛为平台,统筹带动北京中关村创业大街、北京远见育成孵化器、北京创业公社、启迪之星等海峡两岸青年创业基地和就业创业示范点,从政策申请、法律咨询、金融服务、场地租用等方面为台湾青年创业团队提供"一站式"服务。

此外,北京金融高等职业教育还承担了北京新职业技能大赛、学生技能大赛、创新创业大赛等的举办工作。如北京财贸职业学院在北京人力资源和社会保障局召开的 2020 年度北京专业技术人员继续教育基地工作会议上获得了"北京专业技术人员继续教育基地"授牌。北京经济管理职业学院积极承办北京人力资源和社保局组织开展的区块链应用操作员技能大赛,在推动新职业发展方面取得了很好的社会效益。

第五章　北京金融高等职业教育"十四五"期间的发展趋势预测

依托于近年来转型升级的成果，北京金融业网点布局不断优化，人员结构不断升级，从事传统服务的一线人员在逐步减少，变化最为明显的就是商业银行的综合柜员和大堂经理人数。在"十四五"期间，北京金融高等职业教育主要培养的综合柜员和大堂经理将逐步减少，取而代之的将是大量从事在线服务技术支持或响应金融科技应用的创新服务人员、具有高水平理财能力的理财经理、具有高水平投融资能力的客户经理，这会倒逼北京金融高等职业教育调整专业布局，主动适应北京金融业对高素质技术技能人才的需求变化。

第一节　北京金融高等职业教育的专业布局持续优化

就目前来看，北京金融职业教育的专业布局呈现了集中度不断提升的趋势。一方面，随着北京高等职业教育生源的不断减少，平均分配到每个高等职业院校的可招生数量也不断减少，使得有些高职院校由于缺乏比较优势而不得已减少了金融专业招生规模或者干脆就停止招生任何。具体表现在专业布局方面，北京金融高等职业教育专业布局数量较少且略有降低（见表5-1）。另一方面，北京高职院校中具有金融专业布局优势的学校原本为数不多，随着北京"特高校"、教育部"双高校"建设项目的逐步推进，比较优势进一步向"特高校"和"双高校"集中，目前仅剩下北京电子科技职业学院、北京财贸职业学院、北京经济管理职业学院、北京农业职业学院、北京培黎职业学院、北京科技职业学院和北京经贸职业学院还有金融专业在招生。如果进一步从招生规模上来分析，北京电子科技职业学院、北京财贸职业学院、北京经济管理职业学院这三所学校招生人数就超过了总人数的60%。

表 5-1　北京金融高等职业教育专业布局数量变化（普通高中招生）

项目	2016年	2017年	2018年	2019年	2020年	2021年
专业点	10	11	10	11	10	10

资料来源：北京教育考试院。

自 2021 年开始，北京中考生源开始触底反弹，北京的高等职业教育生源进入了缓慢复苏阶段。特别是随着"双减"政策的出台，"贯通"培养项目进入提前批招生，中考毕业生进入高职院校的意愿在不断增强，北京家长对于学生进入高等职业院校学习的接受度在不断提高。金融业作为北京的支柱产业地位进一步增强，金融科技发展势头进一步加速，金融高等职业教育的发展形势将进一步向好。

本书预测，"十四五"期间，北京金融高等职业教育专业布局上将出现以下几个特点。

一、金融类专业布局将进一步集中

虽然北京高职院校中目前仍有 10 所左右的学校有金融专业布局，但招生规模超过百人的学校已经很少了。个别学校的金融专业仅 1 个左右，每年的招生规模大约仅有一个班级，而具有金融专业群优势的学校相对较少，这就会将本就不多数量的学生吸引到排名靠前的几个学校中。特别是入选教育部"双高校"和北京"特高校"的学校和专业群，会得益于学校整体建设水平的提高而吸引到更多的学生。

二、传统金融类专业将进一步萎缩

随着金融机构在金融科技应用上大规模投入，金融机构的人才需求发生根本性变化，围绕着金融产业数字化的人才需求大规模释放。以中国农业发展银行 2022 年招聘需求为例，该行春季校园招聘公告中有 145 个岗位是为软件开发中心招聘的软件研发岗。由此可以推测，现阶段各金融机构在金融科技等数字化技术人才方面的需求非常迫切，而这势必会大大压缩传统金融业务岗位的需求。终端需求的变化将很快传导到金融专业的招生报名环节，春季不仅是校园招聘的重点时期，也是金融专业开展自主招生宣传的关键时期，两者之间的信息交换恰逢其时。学生和家长在招生咨询环节都会非常关心就业去向问题，因为职业教育本身就是就业导向型的教育类型，就业去向的好坏会很快决定一个专业的存亡。

三、金融科技应用等新专业将进一步发展

当传统金融专业萎缩的情况发生后，金融类专业的未来发展方向就变得非常重要了。以金融行业"十四五"发展趋势来看，金融产业数字化不可阻挡，金融科技应用人才需求将迅猛增长，金融科技应用专业将逐步成为新兴主流专业，特别是在京津冀地区更是如此。

此外，随着 2022 年 1 月 1 日"资管新规"正式实施，过去所有保底型的理财产品都不复存在，未来市场都是净值型理财产品。这个变化，就意味着财富管理的能力强弱会成为不同金融机构比拼的关键指标之一。各类金融机构若想在理财市场上获得客户认可，财富管理能力自然而然成为核心竞争力之一，与之相关的人才需求也会相应增长。高职院校现有的财富管理专业脱胎于投资理财专业，有一定的专业建设积累，伴随着家庭理财意识的深入人心，学生和家长容易认可和接受这个新专业，从而促使该专业得到进一步建设和发展。

第二节　北京金融高等职业教育的专业建设继续改革

专业布局的进一步集中，传统专业的进一步萎缩，新专业的进一步发展，使得金融专业建设持续改革，不断适应行业发展变化对人才培养的需求。概括来说，就是金融专业的转型升级。具体来讲，有几个重点方向将发生较大的改革：

一、金融类专业人才培养定位将更加精准

随着金融行业在"十四五"期间的发展，金融机构的岗位标准和用人标准将更进一步清晰，金融职业教育的人才培养定位将更加精准符合金融机构的人才需求。目前，大多数高职院校采用"宽面向、多岗位"的人才培养定位模式，虽然短期内满足了学生就业选择面多的需求，但出现了毕业生技术技能不够突出的不足，在很大程度上又影响了学生就业质量的提高。如果想得到用人单位的真正肯定，必须紧紧盯住金融机构岗位标准，细化人才培养规格，定期调研企业需求，不断调整人才培养定位，使得金融职业教育的人才培养定位与金融机构的发展形势同向、同步、同行。

二、金融类专业人才培养模式将更加务实

21世纪初，在国家提出大力发展职业教育之际，"校企合作、工学结合"作为最为接受和推崇的人才培养模式在全国职业院校得到广泛推广。这种人才培养模式的基本内涵是学校和企业双方在教学资源、学习环境等方面共同投入，构建出模拟仿真的工作环境来支撑教学活动，而教学的基本方式是学生"做中学"、教师"做中教"。通过这个培养模式，学生会在完成一个个具体的模拟仿真工作任务的过程中，逐渐掌握完成任务的基本方法、基本技能和基本素质，从而实现职业教育的根本目的，即培养高素质的技术技能人才。

这种人才培养模式的初衷和出发点是比较理想的，但忽视了几个基本问题。第一，企业要为学校办学进行投入的利益动机明显不足，除非在校企之间建立资本纽带。第二，在学校内部构建的仿真教学环境与真实的工作在多大程度上和多长时间内相一致是难以确定的，除非及时更新改造，但学校经

费的管理规范又不足以支持。第三，教师和学生的身份转换是否得到真正认同，他们之间是基于劳动合同的管理与被管理关系，还是基于社会契约的教育者和被教育者关系需要进行进一步明确。

随着科技进步和政策完善，这几个问题正在得到有效解决。第一个问题的破解之策就是产业学院的建立，由地方政府出面推动，行业协会或龙头企业出面代表地区行业，基于出资约束，与学校建立股份制的产业学院，按照章程和相关法律法规进行运行管理。第二个问题的破解之策就是利用 VR、AR 等先进技术，引进合作企业标准，用数字化手段建立接近真实工作环境的教学环境，以较低成本实现与行业企业真实环境的无缝衔接。第三个问题的破解之策是企业订单班的开办，从招生、培养到就业三个阶段，企业参与人才培养全过程，并适当投入培养经费，推动教师和学生的身份认同。这种迭代后的"产教融合"人才培养模式，将是"十四五"期间北京金融职业教育乃至财经商贸类职业教育最有可能取得较好效果的务实选择。

三、金融类专业实践教学条件将更加智能

在 21 世纪初，职业教育的主要形式还是发展初期的本科压缩式，课程体系主要由基础课、专业课、实习课构成。实践教学的主要形式还是以顶岗实习为主，由接收实习学生的企业来提供教学。随着职业教育的进一步发展，其类型特征越来越突出，课程体系逐渐演变为由公共基础课、专业基础课、专业核心课、实习实训环节等构成的一个完整的循环体系。更为可喜的是，每一类课程的日常教学都有一定的实践教学环节，在最后的企业实习环节还会有专门的实践教学任务。

近年来，从事教育的科技型公司越来越多，为职业教育的实践教学提供了前所未有的技术支持。无论是大数据、云计算、人工智能、区块链，还是 VR、AR、元宇宙技术，都会有力地为职业教育的场景设计和构建提供极大的技术支持，增强学生学习的获得感，增强教师教学的成就感，促进了"教学相长"良好生态的形成。特别是在金融职业教育领域，许多金融机构的业务和数据处于严格保护之中，难以在日常教学过程中分享给教师和学生。通过

新的技术赋能，将金融机构许多数据进行脱敏处理后，就可以为学生学习和教师教学提供场景支持，等到最后的企业实习阶段，学生就会迅速融入角色，为企业提供人力价值。

第三节　北京金融高等职业教育的社会服务不断提升

一、金融类专业将为北京职业教育体系构建贡献力量

职业教育作为一个教育类型，必须得有一个教育体系，才能称其为类型。《国家职业教育改革实施方案》（"职教改革20条"）旗帜鲜明地提出了构建职业体系的要求，这就奠定了职业教育在今后很长一段时间内的发展基础。新颁布的《中华人民共和国职业教育法》进一步明确了"国家建立健全适应经济社会发展需要，产教深度融合，职业学校教育和职业培训并重，职业教育与普通教育相互融通，不同层次职业教育有效贯通，服务全民终身学习的现代职业教育体系"。北京职业教育体系的构建同样需要一个改革契机，在中职、高职、本科的不同学习阶段之间架起一个桥梁，建设一条通路，让接受职业教育的孩子能在今后的学习生涯中看到希望。这也是转变学生和家长对职业教育的认知，减少社会对职业教育的误解所必须做出的努力。

北京职业教育开展贯通培养改革试验，开设了"2+3+2"的人才培养改革项目，将部分初中毕业生在中考结束后根据考试成绩和报考志愿招收到高职院校，经过2年高中阶段学业培养后"转段"进入高职院校，经过3年的高职阶段学业培养后"转段"进入对应的本科院校就读，经过2年的本科阶段学业培养后取得本科毕业证书，可以直接就业或继续参加硕士研究生考试。这个改革项目，为职业教育体系的建立奠定了一定的基础，得到了社会上很多学生和家长的认可。

"十四五"期间，全国范围内设立职教本科的步伐越来越快。北京也将会逐步启动这项工作，鉴于专业减少的基础条件和金融机构的用人需求，金融职业教育很有可能成为首批开始职教本科的专业，这将为北京职业教育体

系建设贡献出应有的力量。

二、金融类专业将为北京高素质技术技能人才培养贡献力量

北京的经济社会发展正在进入一个新的阶段，特别是"国家服务业扩大开放综合示范区"和"中国（北京）自由贸易试验区"作为中央支持北京开放发展的重大政策利好，为北京带来巨大的发展机遇。"两区"建设成为北京各个区县的重大发展项目，相关行业企业也在积极行动，力求紧紧抓住这次发展改革的机遇。今后很长一段时间，北京将围绕着国家金融管理服务中心建设需要，推动绿色金融、科创金融改革创新试验，加快金融科技与专业服务创新示范区建设，推进数字货币试点应用，完善"监管沙箱"实施机制，着力发展财富管理、基础设施金融等新型金融业务。由此，北京对于高素质技术技能金融人才的需求将会增量提质，突出的变化将是对财富管理和金融科技应用专业的人才需求将大幅增长。北京现有的金融职业教育已经纷纷开设金融科技应用专业，不断加大投入，努力培养适合北京金融行业发展的新型人才。

三、金融类专业将为中国特色高水平职业院校和专业建设贡献力量

2019年1月24日，国务院印发了《国家职业教育改革实施方案》，提出将启动实施中国特色高水平高等职业学校和专业建设计划，由教育部和财政部共同研究制定并联合实施，"双高计划"正式启动；同年3月29日，教育部、财政部发布《关于实施中国特色高水平高职学校和专业建设计划的意见》；4月4日，全国深化职业教育改革电视电话会议在北京召开，中共中央政治局常委、国务院总理李克强作出批示并指出：着力培育发展一批高水平职业院校和品牌专业。2019年12月10日，教育部、财政部公布中国特色高水平高职学校和专业建设计划建设单位名单，即"双高计划"名单。首批"双高计划"名单共计197所院校，其中高水平学校建设高校56所（A档10所、B档20所、C档26所），高水平专业群建设高校141所（A档26所、B档59所、C档56所）。

非常幸运的是，北京有3所高职院校入选高水平学校建设高校，4所高职

院校入选高水平专业群建设高校。其中，北京电子科技职业学院、北京财贸职业学院、北京农业职业学院、北京信息技术职业学院开设有金融类专业。"十四五"期间，恰好是国家"双高校"和"双高专业群"的建设阶段。经过此轮建设，北京金融高等职业教育的办学层次和专业建设水平都将得到较大程度的提升，人才培养能力将得到较大程度的提高，服务北京"两区"建设和数字经济标杆城市建设的成效将进一步凸显。

下篇

北京金融职业教育的未来设想：动态适应

第六章　职业教育适应性分析

第一节　职业教育适应性概述

适应性（adaptation），最初是生态学术语。原意是指有机个体在居住的环境中生存和再生产所需的一般特性，这种特性导致物种或者生态系统能够持续生存和发展；而后演变为通过一个有机体或者物种的改变使得它更加适应于生存的环境①。在中国知网上搜索"适应性"为主题的文献，发现以适应性为主题的文献中，排在前三位的学科领域分别是农作物、建筑科学与工程、园艺，文献数量占比分别是 10.31%、9.96%、8.21%，而高等教育、教育理论与教育管理则排在第四、第五位，占比分别为 5.52%、4.66%。

2022 年 5 月 1 日正式施行的《中华人民共和国职业教育法》第二条规定：职业教育是指为了培养高素质技术技能人才，使受教育者具备从事某种职业或者实现职业发展所需要的职业道德、科学文化与专业知识、技术技能等职业综合素质和行动能力而实施的教育，包括职业学校教育和职业培训。《中

---

①　贾慧聪,潘东华,王静爱,等.自然灾害适应性研究进展 [J].灾害学,2014,29(04):122-128.

华人民共和国职业教育法》第十四条规定：国家建立健全适应经济社会发展需要，产教深度融合，职业学校教育和职业培训并重，职业教育与普通教育相互融通，不同层次职业教育有效贯通，服务全民终身学习的现代职业教育体系。职业教育的适应性问题是整个职业教育体系所面临的问题。《中华人民共和国职业教育法》第十六条规定：职业培训包括就业前培训、在职培训、再就业培训及其他职业性培训，可以根据实际情况分级分类实施。职业培训可以由相应的职业培训机构、职业学校实施。其他学校或者教育机构以及企业、社会组织可以根据办学能力、社会需求，依法开展面向社会的、多种形式的职业培训。①

职业学校和从事职业培训的机构等社会组织并不是完全割裂的两个部分，从事职业教育的学校除了具有教学、科研功能外，也从事职业培训的工作。而一些从事职业培训的机构也会跟职业教育学校进行合作，协同完成职业学校教育任务。但大多数从事职业培训的社会组织是企业，其兴衰成败是由培训市场竞争的结果来决定，从事职业教育的企业必须拥有市场中的适应性是不言自明的道理，而对职业学校的评价则并不只有市场评价这一个维度，因此非常有必要对职业教育的适应性从经济、社会、技术、政策等多维度进行深入的内涵分析。

一、职业教育适应性的研究综述

对职业教育一般性的适应性解读为职业教育系统包括管理部门、学校和参与职业教育的社会力量为了实现自身的目标，在生存和发展过程中，能够更好地适应所处的生存环境。对于职业教育适应性的研究也是从这一基本定义出发的，不同研究之间的区别主要在于对职业教育的目的，以及适应环境的应变能力的内涵和外延、适应环境的具体路径有不同的阐释。胡俊琴认为现代职业教育体系的构成，实际上包括了职业教育外部适应性思想、内部适

---

① 全国人民代表大会常务委员会 . 中华人民共和国职业教育法 (2022 年修订)
[EB/OL].[2022-06-07]. http://www.moe.gov.cn/jyb_sjzl/sjzl_zcfg/zcfg_jyfl/202204/
t20220421_620064.html.

应性思想和系统协调性思想。其中，职业教育外部适应性主要是指适应经济发展方式转变和产业结构调整要求。职业教育内部适应性主要是指终身教育理念的体现。①

王俊杰、李嘉莉、陆康英以中国知网（CNKI）数据库中的 703 篇期刊论文为样本，运用 CiteSpace 知识图谱可视化软件进行统计分析，探讨了我国职业教育适应性研究热点和发展历程。该研究结果表明：我国对职业教育适应性的研究经历了缓慢起步、快速发展和逐渐回落三个阶段，反映了我国职业教育人才培养的时代特征；研究的热点主要包括专业设置与产业发展适应性、职业教育职业适应性、职业教育人才培养模式三个方面；目前对于职业教育适应性的研究热度不高，也没有形成突出的研究主题。但是，随着国家政府对职业教育质量提出新的要求，职业教育适应性的研究内容和方法应该是与时俱进、不断完善的。②

钟贞山、赵晓芳在谈到面向 2035 职业教育体系现代化的目标任务时认为，公平是职业教育体系现代化的重要基石，普及化是职业教育体系现代化的基本任务，优质化是职业教育体系现代化的内涵标志，终身化是职业教育体系现代化的目标追求。③

以往的文献一般都注意到了经济维度，即职业教育要适应社会经济发展。"从学界众多研究可以看出，适应性是研究职业教育的重要理论问题，无论是内部适应性还是外部适应性，都与社会经济发展紧密相连，甚至可以说，适应性是衡量职业教育高质量发展的核心指标。"④有的学者也注重了历史维度的分析，比如李志军、易小邑、李丽能等提出在不同的历史阶段，增强职业

---

① 胡俊琴."三性"视角下现代职业教育体系构建：以宁波为例 [J]. 职教通讯,2014(16):9-13.

② 王俊杰,李嘉莉,陆康英.基于 Cite Space 职业教育适应性研究进展与趋势可视化分析 [J]. 广东职业技术教育与研究,2021(06):77-82.

③ 钟贞山,赵晓芳.面向 2035 中国职业教育体系现代化的逻辑起点与内涵实现 [J]. 中国职业技术教育,2021(30):19-26.

④ 韦卫,姚娟,任胜洪.增强职业教育适应性的价值分析、理论基础与推进路径 [J]. 中国职业技术教育,2021(22):34.

教育适应性的话语内涵经历了"为革命战争与阶级斗争服务""为无产阶级政治服务""适应社会主义市场经济""适应新时代经济社会发展需求"等几种历史形态的演变。①有的学者谈到了教育维度，提出"人的需求与产业的需求是职业教育适应性的本质核心。对于人全面发展的适应是职业教育教育性的回归，对于产业发展需求的适应是职业教育经济性的彰显"②。还有的学者提出"所谓职业技术教育适应性，是指职业院校要在内部充分遵循教育规律和学生的认知发展规律，建构技术技能人才培养教育教学体系；在外部，通过调整、顺应，乃至引领，精准对接地方经济社会建设与产业转型发展的现实所需，以达协调共生的适应状态，满足社会对职业技术教育的价值期待的同时，实现自身的可持续发展"③。

如上所述，在以往学界对职业教育适应性的多维度分析中，已经对职业教育的内涵进行了较为深入的剖析，也取得了职业教育适应性的经济发展维度、教育维度、历史维度等方面有价值的结论。但是，以往针对适应性的研究，对于宏观环境的发展关注较多，尚缺乏对职业教育现状中不适应的具体现象进行的深入分析，对于目前职业教育受教育者的真实需求研究更显不足。

职业教育的适应性问题，既关系着经济社会的发展，又关系着千家万户的生活。我们已经处在新技术变革的大时代，新技术的发展至少带来了三个层面的变化：一是思想的变革，基于信息论、控制论和系统论思想的新一代思想对于职业教育的管理提出了改革的要求；二是新的岗位和新的岗位技能的出现对职业教育提出了适应性的要求；三是新技术的应用对于职业教育的教学模式提出了适应性变革的要求。在以往的研究中，对于后两者的变化多有论述，但是对于教育思想的变革鲜有研究。因此非常有必要对职业教育的

---

① 李志军,易小邑,李丽能."增强职业教育适应性"的历史话语流变与当代提升路径 [J].教育与职业,2022(8):29.

② 潘海生,林晓雯.新发展格局下职业教育的适应性发展 [J].职业技术教育,2021(42):15.

③ 李洪渠,石俊华,陶济东.协调共生：增强职业技术教育适应性的认知维度与价值指向 [J].中国职业技术教育,2021(13):26−33.

生存环境尤其是社会环境和技术环境进行深入分析，重点分析教育思想的变革和社会文化变化对教育的要求，才能真正认识职业教育适应性的内涵。

二、职业教育适应性的环境分析

职业教育的生存环境要素主要有经济环境、社会环境、技术环境和政策环境等要素。

（一）经济环境：急速变化

从经济环境方面来说，我国经济正处于从高速发展阶段过渡到高质量发展阶段的关键时期，适应经济的高质量发展是对职业教育的必然要求。坚持与国家发展要求相适应是我国高等职业教育取得成功的关键，更是我国等职业教育发展必须遵循的原则。[①]过去30多年，我国的教育体系发生了巨大的变化，能够很好地服务于国民经济的工业化。但随着国民经济向数字化转型，教育和技能发展体系也将需要重塑，以便最大限度地帮助人们适应不断变化的经济形势和后工业社会。为适应新一轮的经济发展需要，我国需要聚焦现有劳动力的再培训。

（二）社会环境：逐步改善

从社会环境方面来说，社会对职业教育的评价正在改善，但总体评价依然不高。以高职教育体系的评价为例，当前的评价体系存在着"同文共轨""竞优评价""知识本位"与"单一评价"的不良导向，制约着高职教育吸引力与质量的双重提升。[②]因此，实现高职教育评价体系向"类型特色""综合评价""能力本位""多元评价"的逻辑嬗变已刻不容缓。

（三）技术环境：替代威胁

从技术环境方面来说，职业教育正处在大数据技术变革的时代，这势必对其自身的发展产生较大的影响。根据麦肯锡研究报告，到2030年，多达2.2

---

① 赵新华. 建党百年我国高等职业教育培养目标的变迁历程与未来特征 [J]. 教育与职业，2021(16):21-27.

② 徐丽. 高等职业教育评价中的逻辑嬗变与实践进路 [J]. 中国职业技术教育，2021(16):70-74.

亿的中国劳动者（占劳动力队伍的 30%）可能因自动化技术的影响而变更职业；在中等自动化情景的预期下，约有 5160 亿工时（平均到每名劳动者约为 87 天）或将因技能需求变化而需要重新部署；对高认知技能、社会和情感沟通技能、技术技能的总需求将新增 2360 亿工时（平均到每个劳动者约为 40 天）。

这些变化对我国推动教育和技能发展体系的转型提出了新的要求。第一，学习者不只限于学龄人群，应把我国的成年劳动者纳入其中（所有人），相当于学习者范围扩大三倍。第二，学习内容或可不只局限于基础知识，应广泛覆盖各种技能（所有内容）。第三，教育和技能发展应随时随地，无处不在，树立全民终身学习的理念（所有地方），让所有的劳动者每年都参加各种形式的再培训。

（四）政策环境：投入不足

从政策环境方面来说，高等职业教育经费投入在高等教育经费投入总额中所占比重偏低。2007—2017 年，全国普通高校教育经费的总收入一直保持增长态势。但在此期间，普通高校教育经费的总收入中投向高等职业教育的经费不到 20%，而高等职业教育的招生人数占高等教育招生总人数的比重约为 40%。

比较让人欣慰的是，在国务院 2019 年印发《国家职业教育改革实施方案》之后，无论从舆论层面，还是从具体政策层面，都让我们感觉到职业教育正在迎来发展的大好时机。特别是新修订实施的《中华人民共和国职业教育法》，进一步从法律上明确了职业教育的类型定位，为职业教育的高质量发展提供了法律保障。

三、职业教育适应性的定义

从职业教育的治理角度来看，高等职业教育的发展历程是中央政府、地方政府、行业企业、高职院校多元利益之间相互作用和平衡的过程，其实质是通过调整资源配置方式，逐步从权力高度集中的科层制管理体制到向高职教育发展的利益相关者适度放权与分权转型，实现中央政府、地方政府、行业企业、高职院校之间的合作共治。高等职业教育由管理向治理变迁的逻辑表现为，地方政府自下而上的需求型变革与中央政府自上而下的供给型变革相互作用，政府角色定位由主导向统筹的变迁，办学主体由多元到单一再回归多元的变迁，国家重大专项驱动向高职院校内生自发的变迁。

综上所述，职业教育的适应性可以解读为职业教育组织在有利的政策环境下，根据终身学习的理念，由政府统筹，多元主体办学，发挥职业院校内生自发的驱动力，顺应数字技术变局，满足多样化、高质量的技术学习和就业岗位需求，推动经济社会高质量发展。

第二节 基于适应性要求的高职院校特征分析

我国职业教育面临着重要的发展机遇，同时也正面临深刻的危机，主要表现在职业教育观念不适应时代的发展，无法培养出社会需要的人才，导致职业教育供需失衡，社会贡献率与社会期许不相匹配。[①]根据对北京高职院校的调查可以看出，职业教育缺乏适应性的主要表现有：生源来源相对单一，绝大多数都是适龄的受教育者，相对忽视对成年人的职业技术培训需求；学生所学的内容与就业岗位的技术要求有差距，导致其掌握的专业技能不足，无法满足市场需求；高职院校的专业课程特色不够明显；从技能需求者的角度来看，高职院校学校的培训课程少、入学门槛高；来自企业具有丰富工作经验的高水平"双师型"教师队伍相对不足。在"十四五"期间甚至到 2030 年，职业教育的适应性问题都会是职业教育发展的核心问题，要实现完全适应，就需要在办学目标、激励机制、内容变革、合作机制等方面进行优化。

一、以"混龄"学生的技能性学习为中心

学校职业教育与职业培训并举是中国特色职业教育的基本特征，也是实现培养知识型、技能型、创新型劳动者大军这一目标的重要途径。[②]职业教育

---

① 李万青,汪麟,黄春,等.我们要为学生办什么样的职业教育:以学生为中心的职业教育观重构与职业教育供给侧改革 [J].职教发展研究,2021(02):41-51.

② 马树超,郭文富.坚持学历教育与职业培训并举推动新时代职业教育改革 [J].中国职业技术教育,2019(7):13-18.

必须面对全体社会大众，给所有需要接受职业教育的人提供一个公平可得的学习机会。

在 2019 年的《政府工作报告》中，国务院首次提出高职扩招，要求全国扩招数量达 100 万人，扩招对象不限于应届高中生，还要求招收农民工、下岗职工和退役军人。这是实现职业教育面向全体社会大众的重要起点。未来随着新技术转型的加剧，大量的在职劳动者对于技术技能学习的需求会进一步增加，这给职业教育同时带来了机遇与挑战。由于社会经历各异、家庭背景不同、学业参差不齐，这就导致了传统的针对单一性应届生源的教学模式向多样性的针对社会生源的教学模式的转变，因而需要对教学进行"伤筋动骨"的改革与创新。①这对职业教育的人才培养模式提出了巨大的挑战，需要制定出针对不同年龄学习者的人才培养方案。

二、以内在驱动力为主的激励机制

人类社会和大自然的生态系统有许多相似之处。生态系统中有种类繁多的动物、植物和微生物，它们之间相互依赖，各居其位，保证了生态系统的繁荣不息。一个物种、一个组织不必要是某一个标准下最优秀的，只要找到一个适合的小环境，就可以获得自己的独特优势而长期生存。职业教育系统是一个合作共治的命运共同体，只要在某一个特定的环境中具有生存上的优势，办学主体就能具有较强的适应性。

职业教育的适应性发展必然要求在学校办学、专业建设及学生发展方面呈现多样化的特点。遗憾的是，目前很多高职院校的办学特色并不明显，在一定程度上还出现了趋同现象。分析造成这一现象的深层次原因，主要是目前高职院校的发展大都是外在驱动式的，其发展的内在驱动力明显不足。过度重视外在动机是当今普遍存在的社会现象，在对高职院校教学、科研成果等评比的过程中，由于采用了统一指标的方式，使这种现象得到了进一步强化。其实，高职院校的发展恰恰应该是充分结合区域和产业发展的特点和优势，

---

① 姜大源. 论高职扩招给职业教育带来的大变局与新占位 [J]. 中国职业技术教育 ,2019(10):5–11.

因地制宜实现差异化，在专业建设和学生发展上呈现一个百花齐放的局面，才是适应性最好的体现。

司马迁在《史记·货殖列传》中有一段话："固善者因之，其次利道之，其次教诲之，其次整齐之，最下者与之争。"这段话阐明了从教育、管理再到商业应普遍遵循的一个基本原理。以教育为例：最好的教育是让受教育者自己发挥特长和潜力；其次是用利益鼓励受教育者，比如各类评比活动、奖学金就是出于这个目的而设置的；再差一点的教育就是灌输，也就是所谓的教化；而最差的教育就是和被教育者顶着干，用规训和惩罚作为教育手段。显然，外在驱动的激励机制比较适合短期明确的行动，而长期复杂性的行动，更适合内在驱动的激励。教育是长期复杂性的行动，充分发挥教师和学生的内在驱动力是提高职业教育内部适应性的必然要求。

内在驱动力为主的激励首先是一种教育理念，其次才是一种教育方法。为此，我们必须关注每一个活生生的人的感受，而不是仅仅把他们作为技能学习的"机器"。只有真正唤起学生内心的激情，才能够达到教育的真正目的。德国哲学家雅斯贝尔斯说过一段广为流传的话："教育的本质意味着：一棵树摇动另一棵树，一朵云推动另一朵云，一个灵魂唤醒另一个灵魂。"而外驱力为主的激励会创造出无数个欲望的实体，如果过分强调物质、名誉、权利，就容易培养出一个个精致的利己主义者。

心理学家爱德华提出过一个自我决定论来解释内在动机可以如何形成。按照这个理论，如果一个人做某件事情能使三种特定的需要得到满足，那么就比较容易孕育出做这件事的动机。这三种需要分别是自主的需要、胜任的需要和归属的需要。依此类推，我们可以假设，高职院校的内在驱动力可能源自其具有办学自主性、胜任力和教育归属感。①

回顾历史，我们会看到高等职业教育的发展在沿着"从行政化到去行政化""从单维主体管理到多元主体治理""从外生强制到内生自发"的逻辑

---

① 德西，弗拉斯特.内在动机：自主掌控人生的力量 [M]. 王正林，译.北京：机械工业出版社,2020.

展开①，办学自主性已经成为其发展的内在要求。高等职业教育在胜任力方面面临的挑战，主要表现为缺乏成长性。以北京的高职院校为例，由于本地生源的下降，招生规模在一段时间内出现了明显下滑。此外，叠加数字技术对就业岗位和传统知识结构的冲击，出现了传统优势专业招生难而新专业尚未成熟的青黄不接现象，这些因素使得很多高职院校在一段时间内失去了必要的成长性。长期缺乏成长性就会产生胜任力不足的感觉，正如尼采所说："厌恶是因为你停止了成长。"缺乏胜任力，就会使得社会对于职业教育的评价不高，相应地降低了职业教育从业人员的归属感。

三、以支持数字化终身学习为主的管理方式

数字化技术对于"技能"这一概念的内涵和外延都带来了深刻的影响，随着我们进入终身教育的时代，我们必须重新思考"学什么？""如何学？""哪里学？""如何教？""如何评价？"等问题。哈尔弗森在《教育大变局：技术时代重新思考教育》中提出：经历了学徒制时代和普及性学校教育时代以后，形成了新体系种子的技术发展正在引入新的时代。在学徒制时代、普及时代和新时代这三个时代中，发生了很多巨大而深刻的变化，教育责任从家长到国家，然后再到个人和家庭；教育期望从社会复制到全员成功再到个人选择；学习内容从实用技能到学科知识再到学习方法；教学方法从学徒制到教学主义到互动学习；学习评价从观察到测试再到嵌入式评价；学习地点从家庭到学校再到任何地方；学校文化从成年人文化到同伴文化再到"混龄"文化；学习关系从个人亲情联系到权威人物再到与计算机中介的互动。②

数字化技术为职业教育的管理带来了方法论革命。在工业时代，寻求确定性的机械论作为主要的管理思想，管理方式是可预测的计划性、效率优先、科层组织、"积极性"+"刺激性"的人性化管理。当时，就业市场对于人才

---

① 赵惠莉,顾栋梁.高等职业教育由管理向治理变迁的发展历程与内在逻辑 [J].职教论坛.2021(37):2.

② 哈尔弗森.教育大变局：技术时代重新思考教育 [M].2 版.陈家刚,译.上海：华东师范大学出版社,2020.

的需求是标准化、流程化、规范化操作的技术工人、管理者、领导者。在数据时代，控制论、信息论、系统论逐渐成为主要的管理思想，管理方式强调针对不确定性的快速反应、"信息连接"而不是"拥有资源"、全局优化而不是局部优化。在这个新时代，就业市场上对于人才的需求是跨越数据鸿沟、掌握复杂性工具、具有创造能力的工程师，而那些简单重复的工作将逐步被人工智能所替代。因此，对于职业教育的管理者来说，在管理的理念上，应更加重视组织的快速反应，而不仅仅是依赖经验预测。比如跟我们当前在管理一个项目时，是基于准确预测、严格计划和预期成果的逻辑来进行阶段性管理的，而新的管理理念认为一个项目的成败是难以预测的，我们可以做的是按照项目的进展不断做出适当的反应，根据目标市场的反应调整资源的再分配方式，确保最好的项目获得最多的资源。在管理方式上，从人事管理方式发展到任务导向下的契约式管理方式，给教师一定的自由度，让教师在一定程度上成为专业建设、课程建设等方面决策者，对于建设成效较高者加大资源投入，反之亦然。

四、以产教融合、校企合作为主的办学模式

职业教育作为一种不可替代的教育类型，具有三大特征：第一，企业与学校联姻的跨界合作，是职业教育协同育人的办学格局；第二，产业与教育联接的需求整合，是职业教育生存发展的社会价值；第三，共性与个性并蓄的框架重构，是职业教育制度创新的逻辑工具。[①]校企合作、产教融合将成为职业教育办学的主流形式，也是提高适应性，实现变革转型的突破口。虽然，目前的产教融合校企合作还存在联系不紧密、机制不健全等问题，但随着高职院校办学自主性、内在驱动力的不断加强，在政策法规逐步健全的情况下，产教融合、校企合作将会成为职业教育发展的一种常态。

---

① 姜大源. 跨界、整合和重构：职业教育作为类型教育的三大特征 [J]. 中国职业技术教育 ,2019(07):29—30.

第三节　提高职业教育适应性的新期待

增强职业教育的适应性需要适合的企业文化氛围和社会文化土壤。激励技术积累和成长的企业文化氛围，以及重视技术人才、技术创新的社会文化土壤，都能够为职业教育发展带来正面的反馈。

一、职业教育期待新的企业文化氛围

在经济的起步和高速发展时期，我国凭借自身的劳动力数量和价格优势，通过加工贸易以较低的成本、广阔的市场换取技术的手段，实现了技术革新和积累，以较快的速度实现了经济总体规模扩张。在这种环境下，大多数企业依靠人口红利带来的低成本优势取得了较快的增长速度，导致相对忽视自身的技术积累、优化和迭代，产品质量和服务水平普遍不高。在企业内部管理方面，也存在着这样一类普遍的现象：具有一技之长而崭露头角的工程师，很快会被提拔到管理岗位上。我们知道技术工人"从新手到专家"的专业成长，需要长期从事技术工作来磨炼技艺。正如格拉德威尔在《异类：不一样的成功启示录》一书中提出的"一个人在学习的过程中，要完美掌握某项复杂技能，就要一遍又一遍地艰苦练习，而练习的时长必须达到一个最小临界值。事实上，研究者就练习时长给出了一个神奇的临界值：10000 小时"[1]。因此，过早从工程师转到管理者，使得从事长期技术工作的人员稀少，技术队伍相对缺乏精湛的技术积淀，进而导致产品质量和服务水平无法有效提高。

除了职业院校自身的主动改变之外，用人单位对于技术的态度对于职业教育往往具有较强的正反馈作用。增强职业教育的适应性，非常需要用人单位更加重视技术人才，注重营造工匠文化、工程师文化的良好氛围，而尽量避免"技而优则仕"的怪圈，为技术工人提供专业发展的路径，以及与管理岗位同等重要的身份升迁的通道。

---

[1]　格拉德威尔.异类:不一样的成功启示录[M].3版.苗飞,译.北京:中信出版集团,2020.

二、职业教育期待新的社会文化土壤

随着我国进入经济动力转换、结构调整的新常态，依靠巨量投资与廉价劳动力拉动的经济增长难以为继，通过技术引进实现技术赶超的模式已经遭遇到了瓶颈。在此背景下，全社会都需要重视技术创新，弘扬工匠精神，营造工程师文化土壤，推动由技术引进驱动型的技术进步向自主创新驱动型的技术进步的转变，这将是我国企业实现高质量发展的雄厚基础。

最新颁布实施的《中华人民共和国职业教育法》第十二条规定："国家采取措施，提高技术技能人才的社会地位和待遇，弘扬劳动光荣、技能宝贵、创造伟大的时代风尚。国家对在职业教育工作中取得显著成绩的单位和个人按照有关规定给予表彰、奖励。"这对于全社会形成共同的职业教育理念以及有利于职业教育健康发展的新的社会文化土壤意义重大。

企业品牌价值是经济高质量发展的重要标志。据 Brand Finance 的全球品牌价值 500 强榜单数据显示，2021 年我国品牌价值总额占比达 20.82%，位居世界第二。另据世界最大的传播集团之一 WPP 旗下 BrandZ 发布的 2021 年最具价值全球品牌排行榜 100 强数据显示，我国上榜品牌达到 18 个，同样居于世界第二。[①]从这些榜单来看，我国企业品牌的建设已经取得了长足的进步，与我国世界第二大经济体的身份基本相称。但在经济发展环境遭遇百年未有之变局的情况下，如何突破增长的瓶颈，跨越企业发展的高原平台阶段，进而成为世界品牌的高峰，成了我国企业品牌建设的历史性难题。研究发现，当下我国企业的领头品牌的研发能力与世界一流品牌的研发能力相比存在很大差距，缺乏核心技术能力导致品牌的低水平同质化竞争，缺乏形成品牌特色和个性的基础，同时也制约了品牌的转型升级与高端化进阶。在经济高质量发展阶段，职业教育与企业品牌价值就像一个硬币的两面。企业的品牌价值的背后是精湛的技艺和创新能力，而这正是职业教育的使命担当。我国职业教育要培养"大国工匠"，而"大国工匠"必将会塑造"大国品牌"。显然，"大国品牌"背后是一大批"大国工匠"的辛勤探索。

---

① 张弛. 百年变局与十字路口:2021 年中国品牌发展扫描与前瞻 [J]. 国际品牌观察，2021(30):20−25.

第七章　北京金融高等职业教育人才供给与金融业人才需求的动态适应

从整体上来说，北京金融行业企业对高素质技术技能人才的需求，通过学校开展的行业企业调研、教师企业实践、学生企业实习等渠道，透过人才市场上公布的岗位招聘条件要求和毕业生就业反馈等方式，借助校企合作开展教学资源建设和联合培养学生等过程，已经以最快的速度反应到了金融职业教育的人才培养过程中。正是在这个意义上来说，北京金融业人才需求与金融职业教育人才培养模式处于动态适应过程，并且节奏越来合拍。具体来说，可以从人才供需的目标、标准、规格等方面进行分析。

第一节　北京金融高等职业教育人才供给与金融业人才需求的目标适应

在技术技能人才市场上，需求方和供给方的关系比较微妙，由于存在着天然的人才培养时间差，使得人才需求方的用人需求公告发出后，前来应聘的是按照三年（高职高专）或四年（职教本科）前制定的人才培养方案而培养的高素质（高层次）技术技能人才。这就使得人才供给方必须要解决一个根本问题，即如何制定并落实好一个科学、合理、具有足够前瞻性的人才培养方案以满足三年或四年后的企业用人需求。

一、北京金融行业企业人才需求目标的变化趋势

（一）北京金融行业企业存在学历门槛与实际岗位条件方面的矛盾

根据金融行业企业总部的统一要求，人才需求的学历门槛不断提高。对于金融行业企业的基层网点，用人成本也在不断提升。在这种背景下，北京金融行业企业对于高素质技术技能人才的心态不可谓不复杂，一方面迫于管理层对于最低学历的刚性约束，必须招聘高学历人才；另一方面还得面对基层网点中高学历人才工作不稳定的现实挑战，只能依靠持续提高招聘频率来应对。在我们走访的金融机构基层网点中，绝大部分都对高职院校的毕业生持十分肯定的态度，希望能有更多的接受过金融职业教育的毕业生来基层一线工作。据接收过高职院校毕业生的基层网点反馈，这些高职院校毕业生融入新环境特别迅速，对所在企业比较认可，忠诚度高，在工作中任劳任怨，严格执行规章制度，为客户服务热情，深受客户好评。

（二）北京金融行业企业的人才需求趋向科技化

北京金融行业企业发展的未来趋势是网络化、智能化、虚拟化，营业网点的数量在不断减少，布局在不断优化，功能在不断转变。营业网点减少的原因在于现场客户越来越少，很多中青年客户基本上不再光顾营业网点办理业务，即使偶尔光临，也会通过自助机具办理业务。这就使得金融机构不得不综合考虑单个营业网点的投入产出比，只能把亏损的营业网点撤销，仅保留盈利的营业网点，或者扩大营业网点的服务范围。营业网点的功能也不再是一个简单的客户服务功能，将更多提供的是营销场景功能，甚至可以说是客户与金融机构的连接管道。与减少营业网点相反的是，网络化的金融服务、虚拟化的客服人员、智能化的机具越来越多。这种经营方式的巨大变化，使得金融机构对人才的需求发生了非常大的变化。这种变化的基本趋势是金融机构和客户都希望金融从业人员的服务越来越综合化、服务内容越来越技术化，这样才能正确处理日益复杂的金融产品开发、金融业务办理和金融风险规避问题。从2021年银行业的年报披露中，我们可以清晰到看到这个趋势。2021年，可比口径下的37家商业银行中，有25家银行增员，12家银行减员，新增员工超过 1.6 万人，主要分布在业务营销、信息科技、新设分支机构等方面，柜员等基础服务员工群体则继续优化减员。[①]

二、北京金融高等职业教育人才供给目标的变化趋势

（一）北京金融高等职业教育的人才培养逐步贯通化

虽然北京金融高等职业教育的毕业生在金融机构基层网点的一线岗位上表现十分突出，但在短期内，依然很难改变他们在人才市场上的弱势地位，究其根本原因在于北京金融高等职业教育的毕业生在学历竞争方面的劣势明显。在北京这样一个拥有 92 所高等院校的城市里，每年在校的各类学生达百万之多，许多博士、硕士为了留在北京，宁肯放弃外地优厚的条件待遇而选择薪资较低的工作，这也在很大程度上挤压了本科生、专科生的就业空间。北京金融高职院校的最高学历大多是专科层次，仅有部分贯通培养的学生毕业时拿到了专升本的毕业证书。为此，北京金融高等职业教育正在努力通过"2+3+2"的贯通培养、"3+4"的中本衔接、4 年制的职教本科等多种途径积极破局，不断突破金融职业教育的学历天花板，求得自身的生存空间。

（二）北京金融高等职业教育的人才培养逐步技术化

基于金融机构在经营方式上的巨大变化，北京金融高等职业教育在人才培养模式上进行了较大程度的改革，不断提升金融业务教学的综合程度，不断拓展金融营销教学的方式方法，不断增加金融科技应用教学的技术难度，不断加大综合实践教学的复杂程度，从而适应金融机构对金融人才的新要求。自 2019 年以后，北京开设有金融类专业的高职院校纷纷加大了金融科技应用专业的招生力度，将培养传统高素质技术技能人才的金融服务与管理等专业逐步向培养新型高素质技术技能人才的金融科技应用专业过渡或转移。

---

① 券商中国.银行员工及其薪酬情况 [EB/OL].[2022-06-01]. https://finance.sina.com.cn/stock/zqgd/2022-04-03/doc-imcwiwss9753895.shtml?cref=cj.

第二节　北京金融高等职业教育人才供给与北京金融业人才需求的标准适应

北京金融职业教育人才供需双方在人才培养目标上的动态适应是相对比较容易实现的，接下来的一个挑战是人才培养标准的动态适应问题。解决这一问题，不仅需要北京金融行业企业的高层管理者和人力资源部门针对高素质技术技能人才需求提供明确具体的用人标准，更需要北京金融高等职业教育对于高素质技术技能人才培养有一套清晰可控的质量标准。人才的评价标准取决于人才在不同工作岗位上的成本和绩效，处于不同层级的管理者对于人才标准的认知是不完全一样的。

一、北京金融行业企业人才需求标准的变化趋势

（一）北京金融行业企业的人才需求趋向综合化

北京金融行业企业面临的市场竞争是比较激烈的，无论是商业银行、证券公司、基金公司，还是期货公司、信托公司，都处于与数目众多的市场主体的竞争之中。从市场结构来看，既有央企、地方国企，也有外企、民企，都有着各自的优势和特长。在金融行业，除了市场定位、经营战略、管理水平、品牌口碑之外，其实最为核心的竞争优势就是人才优势。因此，在金融行业，人才竞争的强度、烈度一直都比较大，具有深厚客户资源、突出服务能力、优秀营销能力、超强技术能力的金融人才一直都是各大金融机构的"香饽饽"，成为金融机构争夺的主力军。

（二）北京金融行业企业的人才需求趋向精准化

据了解，北京地区有 92 所高等院校，分别为教育部所属普通本科院校、北京市所属的普通本科院校、民办独立学院和高等职业院校。因此，北京金融行业企业解决人才缺口的第一个途径主要是从位于北京地区的普通本科院校来招收本科和硕士毕业生，第二个途径是海外留学归国人员，第三个途径是民办独立学院，第四个途径是高等职业院校。通过将不同类型岗位分别投放到不同的高等院校，北京金融行业企业每年都能弥补人才缺口，实现工作岗位人员的正常更新、轮换和补充。

二、北京金融高等职业教育人才供给标准的变化趋势

（一）北京金融高等职业教育人才培养逐步复杂化

当前，立足于为金融机构培养综合服务、营销推广人才的北京金融高等职业教育不断将金融职业人才的培养标准与金融行业企业的用人标准进行"对标""对表"，将金融行业企业的筛选标准引入到日常的学业考核标准中，将金融行业企业的负面行为清单引入到日常的行为管理规范中，将金融行业企业"诚信、合规、创新"的文化内涵融入学校的文化建设体系中，从而满足金融机构对金融人才的高要求。这就要求北京金融高等职业教育在人才培养的过程中必须精心设计人才培养方案，精心打造金融行业企业的文化氛围，大力提升教学过程的复杂程度，助力学生在完成复杂业务的过程中提升自己业务处理、服务营销和技术支持的综合能力。

（二）北京金融高等职业教育人才培养逐步特色化

北京金融行业企业在解决人员需求的方法方面多管齐下，其中，定向向高职院校投放招聘岗位的做法说明了在人才市场上高职院校培养的人才存在着一定的竞争实力，他们有自己独特的市场价值，也说明高职院校在提供高素质技术技能人才的供给上还存在较大空间。这个空间的存在，一方面是由于北京金融行业企业的部分中老年客户还有很多直接到基层网点办理业务的需求，另一方面也是由于北京金融行业的许多金融产品还需要直接面对面的服务营销才能最终达成交易。然而，市场处于不断发展之中，如果北京金融高等职业教育的人才培养规格不能进一步提高的话，这个增长空间就有可能逐步萎缩。

第三节 北京金融高等职业教育人才供给与金融业人才需求的规格适应

北京金融业作为地方经济生产总值中最重要的行业之一，人才需求的数量是非常大的。据不完全统计，北京金融业每年新增的人员数量在3000~5000人

之间。"十三五"期间，北京金融高等职业教育每年培养的毕业生通常都在600～800人之间。"十四五"期间，北京金融高等职业教育每年培养的毕业生据预测将会处于300～400人之间，根本无法满足金融行业企业的人才需求。那么这些人才缺口是如何解决的呢？相对而言，金融行业企业的人均薪酬在社会各界中还处于较高位置，自然就会吸引许多优秀的高学历人才加入其中，这也在客观上补充了专业人员数量不足的问题。

一、北京金融行业企业人才需求规格的变化趋势

（一）北京金融行业企业的人才需求趋向高端化

金融业的人均薪酬水平比较高，吸引了社会上很多优秀的专业人才纷纷加入，客观地说，金融业是最吸引人才的行业之一，在人才市场上金融机构始终处于相对优势地位，可以提高对员工招聘的资格条件。根据2021年银行业披露的年报，六大国有银行中，本科及以上学历员工占比如下：交通银行85%、邮储银行80%、中国银行79%、建设银行74%，工商银行70%、农业银行63%；上市股份制商业银行、城市商业银行的本科及以上学历的员工占比均高于85%，不少甚至超过90%；上市农商行的本科及以上学历的员工占比则在80%左右。与此同时，金融行业企业在经营管理的过程中遇到的挑战也相对复杂，需要具有较高水平和能力的人才来应对和处理。基于这些原因，金融机构对正式签订劳动合同员工的最低学历要求呈现了一个逐步提高的趋势，在不能满足最低学历要求的情况下，只能通过劳动派遣的方式来入职。

（二）北京金融行业企业的人才需求趋向团队化

北京金融行业企业的人才需求除了在数量上不能仅仅由一种类型的高等学校来提供之外，在人才需求结构上也确实需要普通本科院校和高职院校来分别提供具备不同特质的人才。而不同类型的人才组合在一起，更需要以团队的形式来激发各自的潜能，实现"1+1>2"的效果。

随着金融科技的大力推广和广泛应用，北京金融行业企业目前在未来很长一段时间内，都会需要一大批擅长从事金融科技应用的开发人才，以及大量既懂金融业务又熟悉金融科技的应用人才。从事金融科技应用的开发人才

需要具备较高的专业技术能力，就目前情况来看，普通本科院校的相关专业毕业生相对来说更有优势。然而，既懂金融业务又熟悉金融科技的应用人才需要具备较强的服务营销和应用支持的综合能力，就目前情况来看，高职院校的相关专业毕业生相对来说有一定的优势和潜能。北京金融行业企业的各类经营主体目前正在内部通过优势互补的方式构建起无数个"前中后台一体化"的经营团队，进一步优化和提升客户的服务体验，这让高职院校毕业生看到了一定的就业前景。

二、北京金融高等职业教育人才供给规格的变化趋势

（一）北京金融高等职业教育的人才培养逐步迈向职教本科

北京职业教育的学历规格目前还是以大专为主，如果严格按照金融行业企业的要求，职业教育的毕业生首次入职时，难以成为签订正式劳动合同的员工，而只能接受成为派遣制员工，代价是"同工不同酬"。为了成为签订正式劳动合同的员工，许多高职院校的毕业生通常在第一个金融机构工作 3 年左右时就选择离职，因为这个阶段他们已经从职场新人成长为业务熟手，在人才市场上就有了一定的谈判筹码。此外，很多高职院校的毕业生在工作的同时，通常会利用业余时间继续进修，选择成人教育，取得本科或更高的学历证书。在这种情况下，如果换到另一家金融机构从事同样的工作，他就有可能成为签订正式劳动合同的员工，增加收入的同时，自信心和归属感也得到了极大的提升。

北京金融高等职业教育在提高职业教育层次和毕业生规格方面一直在努力，通过"3+2"联合培养方式提升中职学生的毕业规格，通过"2+3+2"贯通培养方式提升高职学生的毕业规格。目前，北京金融高等职业教育还正在通过推进职教本科的方式提升金融类专业的办学层次。

（二）北京金融高等职业教育的人才培养逐步重视扬长教育

北京金融高等职业教育曾经为金融行业企业培养输送了近万名高素质技术技能人才，分别在商业银行支行、证券公司营业部等基层网点从事综合柜员、证券经纪人等一线服务岗位。随着金融业的转型升级，基层网点的布局、功

能在不断优化调整，人才需求结构也在快速变化。北京金融高等职业教育虽然在主动适应这些变化，但受困于北京本地生源大幅减少、外地生源大幅压缩的现实，生源质量下降明显。此外，受限于职业教育薪资水平相对不足的吸引力，高职院校很难从金融机构吸引熟悉金融业务的骨干来任教，"双师型"教师质量在一定程度上没有跟上职业教育发展的节奏。

其实，"现代学徒制"人才培养模式已经在建筑业、现代制造业等领域的职业教育中得到了广泛的开展，并取得了很大的成效。如果金融职业教育能积极利用该模式的话，应该也能取得同样的成效。遗憾的是，北京金融行业企业很少愿意参与到"现代学徒制"人才培养工作中来，许多具有丰富工作经验和良好工作能力的企业导师没有机会参与到金融职业教育，这也在一定程度上限制了北京金融高等职业教育的能力提升。

从普通教育的"补短"惯性中，我们应该可以汲取经验，不让学生在自己不擅长的领域拼命弥补不足，而是在明确自身发展定位的条件下，将金融行业企业的人才需求与学生的自身特点紧密结合，不断挖掘金融职业教育学生可以发挥和应该具备的相对优势，设计有针对性的专业课程和校园活动，提高学生的职业技能，增强学生的职业自信，持续优化扬长教育，使得接受金融职业教育的学生们能"低着头走进高职院校、抬着头走出高职院校"。在这方面，北京财贸职业学院等高职院校均做出了一些有益的尝试和努力，也取得了一定程度的成效。

第八章　北京金融高等职业教育发展路径探析：守正创新

　　目前，摆在北京金融高等职业教育面前的巨大机遇是国家对职业教育的高度重视和大力支持和。在干部人事选用、劳动就业等政策上，有关部门都明确提出了不得歧视职业教育的要求，这有助于改变社会各界对职业教育的接受度。2022年教育部职业教育与成人教育司的工作要点中就明确提出了"提高质量，提升形象"的任务，也是在大力推动职业教育的社会认可度。

　　摆在北京金融高等职业教育面前的巨大挑战是主动报考职业教育的学生数量持续处于低位，在中高考生源不断萎缩背景下，这种局面还将会持续较长一段时间。以2022年为例，北京共有10.7万人参加中考，其中普通高中招生名额为7.4万人、中职院校招生3.3万人。这部分中职院校学生按照"3+2"的人才培养方案，会在入学的第4～5年进入高职院校学习。除此之外，北京高职院校还会通过自主招生（含单考单招）和高考招生两个渠道招收学生接受高等职业教育。其中，自主招生（含单考单招）主要面向北京的中职学校和普通高中招收北京本地生源，高考招生主要面向外省市普通高中招收京外生源。

　　面对机遇和挑战，北京金融高等职业教育需要进一步厘清发展思路，找准自身定位，在全力服务北京"两区"建设和"四个中心"建设的过程中，实现高质量发展。

第一节　北京金融高等职业教育发展路径之一：院校错位发展

在北京本地生源不足和辐射带动京津冀职业教育的背景下，北京金融职业教育领域的中高职院校都需要重新审视自己的发展战略。

一、北京中职院校错位发展方向：拓宽专业口径

北京现有中职院校中，还在继续招收金融事务专业的学校已经为数不多，一个主要原因是金融行业企业不再从中职院校直接招聘人才，另外一个原因是很多学生感觉到金融专业的学习难度在不断加大，即使以后按照"3+2"的人才培养方案进入高职院校学习，也担心自己无法顺利毕业，更担心自己无法胜任金融行业企业的严格要求和业绩考核。因此，中职院校对于金融事务专业的招生应该压缩，将招生名额转移到会计或者智慧财税专业，同时将金融事务专业的核心课程与会计、智慧财税专业相融合，为学生今后在高职院校学习打下一个较为扎实的知识和能力基础，助力学生在后期的职业教育阶段可以自如选择财经类专业大类的各类细分专业。

二、北京高职院校错位发展方向：强化产教融合

北京高职院校的行业面向不太集中，办学面向重复或相近的情况也不算太多，即使存在直接竞争，也大多不过两三家之间，这和江苏、浙江、广东等省的高职院校面向行业的分布情况差别很大。在金融职业教育领域，存在较强竞争关系的高职院校也主要是集中在北京电子科技职业学院、北京财贸职业学院、北京经济管理职业学院等院校之间。其中，北京财贸职业学院和北京经济管理职业学院这两所最有典型代表性的高职院校，自二十世纪九十年代成人教育发展阶段，就存在较强的竞争关系，曾经同时成为全国一流的成人教育院校。当时，北京财贸职业学院（北京市财贸管理干部学院）隶属于北京商务系统，北京经济管理职业学院（北京市经济管理干部学院）隶属于北京国资委系统。现如今，这两所学校都隶属于北京教委，都是北京"特高"

建设院校。同时，北京财贸职业学院还入选了"中国特色高水平高职学校建设单位"，位列 C 档。北京财贸职业学院地处城市副中心，与副中心的高端商务、财富管理和文化旅游等产业高度契合，可以积极融入城市副中心，主动适应城市副中心的产业升级和技术变革，紧抓财富管理专业，继续作为金融职业教育人才培养高地而建设发展。北京经济管理职业学院地处望京地区，可以借力海淀区中关村、朝阳区 CBD 的区位发展优势，主动适应海淀、朝阳、顺义等区县在"两区"建设方面的产业变革，紧抓金融科技专业，努力成为金融职业教育人才培养新高地。北京电子科技职业学院、北京农业职业学院、北京信息职业技术学院等高职院校可以结合自身所处的行业，充分挖掘所在行业的金融需求，精耕细作，将金融服务最后一公里打通，突出服务行业的金融特色，努力成为金融职业教育人才培养的特色基地。

随着 2022 年教育部开展职教本科的加速建设，北京高职院校在占地面积、学生规模等基本指标方面处于相对不利地位。如果北京想在职教本科上取得先机，依托现有三个"双高校"，整合相关办学资源，率先在基本办学条件上达标，不失为一种可选方案。其中，北京财经类职业院校的资源整合就可以先行先试。

第二节　北京金融高等职业教育发展路径之二：专业转型升级

在北京金融高等职业教育的院校错位发展战略确定之后，专业的转型升级即刻成为主要问题。

一、北京金融高等职业教育专业转型升级方向：瞄准数字经济

金融产业变革大潮来得十分迅猛，技术升级迭代的速度应接不暇，货币市场的形态变化多端，资本市场的改革潮起潮涌，新兴金融的起落眼花缭乱。能否为具有这样特征的金融行业企业提供合格人才就成为一种巨大挑战。作为高素质技术技能人才培养的主力军，金融专业必须根据北京金融行业企业的变革进行转型升级。第一个转型升级的方向就是将人才培养定位与北京数

字经济标杆城市建设进行精准对标，按照产业数字化和数字产业化两个维度来进行，不能再局限于培养传统的综合柜员、大堂经理等服务营销人才，取而代之的是能提供在线或远程技术支持的数字化服务营销人才和金融科技应用人才。第二个转型升级的方向就是将人才培养的规格与北京金融行业企业的需求进行精准对接，积极推进职教本科专业建设，丰富培养内容，拓展培养方式，提高培养效果，将高素质技术技能人才升级为高层次技术技能人才。

二、北京金融高等职业教育专业转型升级方向：深化校企合作

有一个事实是我们必须面对的，那就是教育规律和人才成长的规律是相对稳定的。调整人才培养方案的频率是每年一次，开发和建设一门课程的周期至少需要半年，建设一个实训场地至少需要一年，培养一个优秀教师至少需要三年，而行业企业的发展是相对动态变化的，这在天然上就存在矛盾。因此，专业的定期更新调整变得无比重要，而且应该将更新调整的频率进一步提高，最理想的状态是随时与行业企业的变化保持同步，及时更新课程体系和学习内容，当然这也是最难以做到的。一个折中的办法是可以考虑将人才培养方案调整的自主权由学校层面下放到学院层面，课程建设验收的自主权由学院下放到系（教研室），这样会有助于适当提高调整频率，有利于教师把行业企业的发展动态、技术前沿和典型案例及时更新到人才培养方案中。当然，不管采用什么样的频率来适应金融行业企业对于人才培养的要求，都要坚持立德树人的根本宗旨，都要坚持产教融合校企合作的根本方略，也都要坚持"做中教，做中学"的人才培养方式。

第三节　北京金融高等职业教育发展路径之三：课程深化建设

对学生和家长来说，所谓"专业"，其本质就是课程的集合，也就是课程体系。专业之间的高下之分通常是指课程体系的优劣和具体每门课程的好坏。一门好课程，主要由清晰明确的课程目标、与行业同步的课程内容、丰富立体的教学资源、学做一体的教学模式、理论实践能力卓越的"双师型"

教师团队等要素构成。北京金融高等职业教育的专业核心课程中已经建成好课程的院校不多，如果按照教育部在高等教育领域着力打造的"金课"标准来衡量的话，存在的差距那就更大了。

一、北京金融高等职业教育课程深化建设方向：重塑课程体系

打造一门好课程，已经也必将成为职业教育"提高质量，提升形象"的关键举措，北京金融高等职业教育必须始终坚持"以学习者为中心"的建设理念，重塑课程体系，重组课程内容，重构教学模式。北京金融高等职业教育的专业核心课程主要应集中在商业银行的业务处理和服务营销类课程，财富管理的规划设计和资产配置类课程，以及金融科技应用的技术支持和运营维护类课程。金融行业企业的基本内涵不会由于规模经济和范围经济的影响而发生根本性变化，而技术进步所带来的冲击却是非常直接和迅猛的。北京金融高等职业教育的课程体系必须重塑，坚持核心业务的不变和技术的常变来辩证地构建一种兼具刚性和弹性的课程体系，重点加强围绕新技术课程进行及时充实和更新。

二、北京金融高等职业教育课程深化建设方向：更新课程内容

当然，新技术课程的共同特点就是课程内容所关联行业企业的实践情况变化非常快，必须及时更新调整，这就给课程建设带来了不小的难度。比较理想的应对之道应该是在维持课程内容的基本框架相对固定的情况下，将课程的具体内容与行业企业的实践情况进行定期比对，只要出现不一致的情况，就马上进行更新调整。对学生来讲，这可以帮助学生与金融行业企业建立一种非常直接的连接，学生学习的新鲜度与获得感大增，学习到的知识可以马上进行实践应用，这种美好的感受是单纯通过教材的既定内容进行学习时所无法比拟的。对教师来讲，备课的难度和复杂度大增，不仅需要及时获得金融行业企业最新的实践变化，还需要以最快的速度将其转化成教学资源，从中带来的挑战也是单纯通过讲授教材的既定内容进行教学所无法比拟的。但是，为了提高金融职业教育的质量，提升金融职业教育的形象，这些压力和

挑战是教育工作者必须承受的，也只有经历这样的"凤凰涅槃"，才能助力北京金融职业教育获得"浴火重生"的机会。

第四节　北京金融高等职业教育发展路径之四：优化实践教学基地

与普通教育相比，职业教育的生命力在于技能训练，这也是推动技能型社会形成的必由之路。

一、北京金融高等职业教育实践教学基地建设方向：校内融合共享

在"十三五"期间，北京金融高等职业教育建设实践教学基地的常规做法都是由地方财政专项资助或学校自筹经费建设，一般不吸收合作企业的资金投入或资产投入。这种做法的好处是易于管理和控制，在产权上比较明晰，不会产生相关纠纷，符合国有资产管理体制机制的相关政策。但是，进入"十四五"期间，北京地方财政吃紧，如果继续依靠地方财政专项资助，可能面临着建设项目的规模压缩和经费审减压力，不能完全按照金融行业企业发展实际情况来建设。此时，如果能畅通校企合作渠道，将金融行业企业的技能培训基地与学校的实践教学基地整合建设成为产教融合共享实训基地，共享学习和培训资源，一方面为金融行业企业节省了土地资源，另一方面为学校节省了建设经费，是一种双赢的局面。

二、北京金融高等职业教育实践教学基地建设方向：校外横向联合

在欧美发达国家的职业教育体系中，行业协会是一只非常重要的力量，扮演着统筹资源、建立标准、推荐师资、评价教学、考核学生等重要作用。从北京金融行业企业实际出发，如果单纯与个别金融机构进行校外实践教学建设，将面临不少的困难和障碍：任何一个企业都不可能单独建立起一个行业的人才评价标准，也没法提供足够的资源来满足学生的校外实践教学需求，只能在自己企业的最大范围内力所能及地安排一些实习岗位，实习内容和具体要求也无法统一规范。因此，北京金融行业的各个协会应该立足所代表行业的整体利益，系统设计、统筹协调，将各个企业的实践教学资源联合起来，

大力支撑金融职业教育发展，才能真正提升行业发展水平和服务品质，打造代表全国金融服务水平的"北京模式"。

第五节　北京金融高等职业教育发展路径之五："双师"队伍强化建设

1938 年，在党的六届六中全会上，毛泽东曾作出著名的"政治路线确定之后，干部就是决定的因素"重要论断。对于当前职业教育的发展来讲，在职业教育的发展战略明确之后，最为重要的因素就是教师队伍了。相对于普通本科教育的教师而言，职业教育的教师受到了更为严格的期望和要求，那就是成为"双师型"教师。按照教育部等四部门《深化新时代职业教育"双师型"教师队伍建设改革实施方案》（教师〔2019〕6 号）中的意见，所谓"双师型"教师，就是同时具备理论教学和实践教学能力的教师。从这个意义上讲，做一名合格的职业教育教师是一件非常不容易的事，不仅需要熟练掌握本专业领域的理论知识，还需要熟练掌握本专业领域的实践能力，并且将二者进行有机结合，才能完成理论实践一体化的课程教学任务。在教学过程中，"双师型"教师不仅要把课程所涉及的理论知识讲授明白，还要给学生做好课程中需要完成的具体实践任务示范。在科学研究中，"双师型"教师不仅要关注企业的经营管理现状，更要关注企业的未来发展趋势，才能通过科学研究给企业提供力所能及的社会服务。

作为职业教育的稀缺资源，"双师型"教师如何引进和培养成为一个现实难题。在《深化新时代职业教育"双师型"教师队伍建设改革实施方案》中，有关部门提出如下对策。

一、教育部的顶层设计：打造高水平"双师"队伍①

（一）推进以双师素质为导向的新教师准入制度改革

完善职业教育教师资格考试制度，在国家教师资格考试中，强化专业教学和实践要求，按照专业大类（类）制定考试大纲、建设试题库、开展笔试和结构化面试。建立高层次、高技能人才以直接考察方式公开招聘的机制。加大职业院校选人用人自主权。聚焦专业教师双师素质构成，强化新教师入职教育，结合新教师实际情况，探索建立新教师为期 1 年的教育见习与为期 3 年的企业实践制度，严格见习期考核与选留环节。自 2019 年起，除持有相关领域职业技能等级证书的毕业生外，职业院校、应用型本科高校相关专业教师原则上从具有 3 年以上企业工作经历并具有高职以上学历的人员中公开招聘；自 2020 年起，除"双师型"职业技术师范专业毕业生外，基本不再从未具备 3 年以上行业企业工作经历的应届毕业生中招聘，特殊高技能人才（含具有高级工以上职业资格或职业技能等级人员）可适当放宽学历要求。

（二）构建以职业技术师范院校为主体、产教融合的多元培养培训格局

优化结构布局，加强职业技术师范院校和高校职业技术教育（师范）学院建设，支持高水平工科大学举办职业技术师范教育，开展在职教师的双师素质培训进修。实施职业技术师范类专业认证。建设100家校企合作的"双师型"教师培养培训基地和100个国家级企业实践基地，明确资质条件、建设任务、支持重点、成果评价。校企共建职业技术师范专业能力实训中心，办好一批一流职业技术师范院校和一流职业技术师范专业。健全普通高等学校与地方政府、职业院校、行业企业联合培养教师机制，发挥行业企业在培养"双师型"教师中的重要作用。鼓励高校以职业院校毕业生和企业技术人员为重点培养职业教育教师，完善师范生公费教育、师范院校接收职业院校毕业生培养、企业技术人员学历教育等多种培养形式。加强职业教育学科教学论师资队伍建设。支持高校扩大职业技术教育领域教育硕士专业学位研究生招生规模，

---

① 教育部等四部门 . 深化新时代职业教育"双师型"教师队伍建设改革实施方案 [S].2019.

探索本科与硕士教育阶段整体设计、分段考核、有机衔接的人才培养模式，推进职业技术教育领域博士研究生培养，推动高校联合行业企业培养高层次"双师型"教师。

（三）完善"固定岗＋流动岗"的教师资源配置新机制

在现有编制总量内，盘活编制存量，优化编制结构，向"双师型"教师队伍倾斜。推进地方研究制定职业院校人员配备规范，促进教师规模、质量、结构适应职业教育改革发展需要。根据职业院校、应用型本科高校及其专业特点，优化岗位设置结构，适当提高中、高级岗位设置比例。优化教师岗位分类，落实教师从教专业大类（类）和具体专业归属，明确教师发展定位。建立健全职业院校自主聘任兼职教师的办法。设置一定比例的特聘岗位，畅通高层次技术技能人才兼职从教渠道，规范兼职教师管理。实施现代产业导师特聘岗位计划，建设标准统一、序列完整、专兼结合的实践导师队伍，推动形成"固定岗＋流动岗"双师结构与双师素质兼顾的专业教学团队。

（四）建设"国家工匠之师"引领的高层次人才队伍

实施职业院校教师素质提高计划，分级打造师德高尚、技艺精湛、育人水平高超的教学名师、专业带头人、青年骨干教师等高层次人才队伍。通过跟岗访学、顶岗实践等方式，重点培训数以万计的青年骨干教师。加强专业带头人领军能力培养，为职业院校教师教学创新团队培育一大批首席专家。建立国家杰出职业教育专家库及其联系机制。建设 1000 个国家级"双师型"名师工作室和 1000 个国家级教师技艺技能传承创新平台。面向战略性新兴产业和先进制造业人才需要，打造一批覆盖重点专业领域的"国家工匠之师"。在国家级教学成果奖、教学名师等评选表彰中，向"双师型"教师倾斜。

（五）创建高水平结构化教师教学创新团队

2019—2021 年，服务职业教育高质量发展和"1+X"证书制度改革需要，面向中等职业学校、高等职业学校和应用型本科高校，聚焦战略性重点产业领域和民生紧缺领域专业，分年度、分批次、分专业遴选建设 360 个国家级职业教育教师教学创新团队，全面提升教师开展教学、培训和评价的能力以及团队协作能力，为提高复合型技术技能人才培养培训质量提供强有力的师资保证。优化结构，统筹利用现有资源，实施职业院校教师教学创新团队境外培训计划，组织教学创新团队骨干教师分批次、成建制地赴德国等国家研修访学，学习国际"双元制"职业教育先进经验，每年选派 1000 人，经过 3～5 年的连续培养，打造高素质"双师型"教师教学创新团队。各地各校对接本区域重点专业集群，促进教学过程、教学内容、教学模式改革创新，实施团队合作的教学组织新方式、行动导向的模块化教学新模式，建设省级、校级教师教学创新团队。

（六）聚焦"1+X"证书制度开展教师全员培训

全面落实教师 5 年一周期的全员轮训制度，对接"1+X"证书制度试点和职业教育教学改革需求，探索适应职业技能培训要求的教师分级培训模式，培育一批具备职业技能等级证书培训能力的教师。把国家职业标准、国家教学标准、"1+X"证书制度和相关标准等纳入教师培训的必修模块。发挥教师教学创新团队在实施"1+X"证书制度试点中的示范引领作用。全面提升教师信息化教学能力，促进信息技术与教育教学融合创新发展。健全完善职业教育师资培养培训体系，推进"双师型"教师培养培训基地在教师培养培训、团队建设、科研教研、资源开发等方面提供支撑和服务。支持高水平学校和大中型企业共建"双师型"培训者队伍，认定 300 个"双师型"教师培养培训示范单位。

（七）建立校企人员双向交流协作共同体

加大政府统筹，依托职教园区、职教集团、产教融合型企业等建立校企人员双向交流协作共同体。建立校企人员双向流动相互兼职常态运行机制。发挥央企、国企、大型民企的示范带头作用，在企业设置访问工程师、教师企业实践流动站、技能大师工作室。在标准要求、岗位设置、遴选聘任、专业发展、考核管理等方面综合施策，健全高技能人才到职业学校从教制度，聘请一大批企事业单位高技能人才、能工巧匠、非物质文化遗产传承人等到学校兼职任教。鼓励校企共建教师发展中心，在教师和员工培训、课程开发、实践教学、技术成果转化等方面开展深度合作，推动教师立足行业企业，开展科学研究，服务企业技术升级和产品研发。完善教师定期到企业实践制度，推进职业院校、应用型本科高校专业课教师每年至少累计1个月以多种形式参与企业实践或实训基地实训等工作。联合行业组织，遴选、建设教师企业实践基地和兼职教师资源库。

（八）深化突出"双师型"导向的教师考核评价改革

建立职业院校、行业企业、培训评价组织多元参与的"双师型"教师评价考核体系。将师德师风、工匠精神、技术技能和教育教学实绩作为职称评聘的主要依据。落实教师职业行为准则，建立师德考核负面清单制度，严格执行师德考核一票否决。引入社会评价机制，建立教师个人信用记录和违反师德行为联合惩戒机制。深化教师职称制度改革，破除"唯文凭、唯论文、唯帽子、唯身份、唯奖项"的顽瘴痼疾。推动各地结合实际，制定"双师型"教师认定标准，将体现技能水平和专业教学能力的双师素质纳入教师考核评价体系。继续办好全国职业院校技能大赛教学能力比赛，将行动导向的模块化课程设置、项目式教学实施能力作为重要指标。试点开展专业课教师技术技能和教学能力分级考核，并作为教师聘期考核、岗位等级晋升考核、绩效分配考核的重要参考。完善考核评价的正确导向，强化考评结果运用和激励作用。

（九）落实权益保障和激励机制提升社会地位

在职业院校教育教学、科学研究、社会服务等过程中，全面落实和依法保障教师的管理学生权、报酬待遇权、参与管理权、进修培训权。强化教师教育教学、继续教育、技术技能传承与创新等工作内容，制定职业教育教师减负政策，适当减少专任教师事务性工作。依法保障教师对学生实施教育、管理的权利。职业院校、应用型本科高校校企合作、技术服务、社会培训、自办企业等所得收入，可按一定比例作为绩效工资来源；教师依法取得的科技成果转化奖励收入不纳入绩效工资，不纳入单位工资总额基数。各地要结合职业院校承担扩招任务、职业培训的实际情况，核增绩效工资总量。教师外出参加培训的学时（学分）应核定工作量，作为绩效工资分配的参考因素。按规定保障中等职业学校教师待遇。

二、北京的具体举措：推动高水平"双师"达标

在教育部发布关于"双师型"教师的政策之后，北京在职业教育领域进行了大胆改革，也开展了很多具体的落地工作。比较突出的是出台了两个专门文件：一是北京市教育委员会、北京市发展和改革委员会、北京市人力资源和社会保障局和北京市财政局联合出台《深化职业教育改革的若干意见》（京教职成〔2020〕7 号），二是北京市教育委员会出台的《北京职业院校"双师型"教师认定办法（试行）》（京教人〔2020〕11 号）。这两个文件出台之后，北京教委组织开展了"双师型"教师的认定达标专项工作。此次认定达标专项工作对于推进北京"双师型"教师的建设起到了很重要的作用，通过规范认定，北京职业院校的"双师型"教师占比均达到 85% 以上。此后，还进行了教师企业实践的专项检查工作，进一步巩固了"双师型"教师认定达标的成果。

通过 2020 年北京"双师型"教师的认定达标，北京金融高等职业教育"双师型"教师比例也已经达到了 85% 以上，很好地促进了教师实践教学能力的提升，特别是督促教师加大企业实践力度，紧盯行业企业发展实际，不断更新技术技能，并积极参加北京"双师型"教师培养培训基地组织的各种实践培训，保持 5 年一轮的认证更新力度，实现"双师型"教师在实践教学能力领域的与时俱进。

北京金融职业教育的"双师型"教师建设任重道远，一方面需要加大力度从金融行业企业引进企业导师，另一方面也需要借助校企双向流动机制加大力度派出骨干教师到企业实务工作中学习。

第六节　北京金融高等职业教育发展路径之六：产学研用结合

在社会大众的一般认知概念里，普通本科教育才是真正的高等教育，除

了能培养高水平的理论和应用人才之外，还能开展科学研究，并通过科学研究成果转化的方式为社会提供技术开发、管理咨询等优质服务，而职业教育只能培养在生产、服务、管理一线从事技术技能工作的劳动者，不会开展科学研究，更不会通过科学研究成果转化的方式为社会提供服务。为了改变这一固有观念，高等职业教育发展中的产学研用结合是必不可少的。

一、北京金融高等职业教育产学研用结合方向：扎根区域经济发展

按照联合国教科文组织的定义，职业教育就是围绕工作的教育。相比于普通本科教育产学研相结合的发展路径，职业教育更应该强调产学研用相结合的发展路径，将工作着力点放在"用"这个关键词上，一切围绕企业的生产、服务和管理实践进行。在 2002 年国务院发布《关于大力推进职业教育改革与发展的决定》后，经过二十年的高速发展，目前的职业教育已经成为一种新的教育类型，不仅可以培养生产、服务、管理一线的高素质技术技能人才，更能开展应用型科学研究，能为地方区域经济发展提供技术支持、资格认证、人员培训等一系列社会服务，很好地支持了地方区域经济的发展。高职院校正在成为技术技能人才、能工巧匠、大国工匠的培养和传承基地。

二、北京金融高等职业教育产学研用结合方向：服务"中小微"企业

相比于普通本科教育，职业教育的产学研用必须与办学定位一致，切忌一味地攀附大型企业和龙头企业，应该紧紧盯住地方区域的特色行业企业，把服务"中小微"企业放在优先位置，脚踏实地研究"中小微"企业在生产、服务和管理过程中遇到的技术应用和日常运营难题，及时为"中小微"企业提供力所能及的服务。这是因为，只有"中小微"企业才最需要职业教育的助力的，而大型企业和龙头企业要么有自己的技术团队，要么有普通本科院校的技术支持，相对来说对职业教育服务的热情不高、需求不大。北京金融高等职业教育应该时刻关注金融行业企业的发展变化趋势，及时更新专业课程体系和核心课程内容，深入研究金融行业企业在产品开发、市场推广、服务营销等方面的问题，将人才培养和科学研究的工作基准置于金融行业企业

发展实践的范围之内。特别是在"十四五"期间，积极开展大规模职业技能培训，助力提升金融服务品质，推动北京金融行业企业实现高质量发展。

第七节　北京金融高等职业教育发展路径之七：激活学分银行

知识经济社会需要的是不断学习的、灵活发展的、自主提升的员工，要求所有员工都持续不断地学习新知识、新技能、发展新能力，这就对所有员工提出了终身学习的要求。[①]为此，欧美发达国家乃至全欧洲都有自己特色的资历框架体系，让各种形式的教育结果通过国家资历框架实现横向可比，实现各类学习成果的认证、积累和转换，从而将不同类型教育进行了横向联通，也将教育的人才供给与企业的人才需求进行了有效衔接。

一、北京金融高等职业教育积极支持建立中国特色的国家资历框架

在国家资历框架这个问题上，我国在进入 21 世纪以后才逐步将其提上日程。国家资历框架的建立，需要打破政府不同部门之间的藩篱，还需要填平学校教育和社会工作之间的沟壑，难度很大。建立国家资历框架，既需要政府的推动，更需要社会的认可。这个框架的建立，其核心是将学习权交还给个人，将教育权还原到社会，将学习成果的评价权交由政府委托的社会公认的第三方。不管是通过普通教育、职业教育、成人教育、继续教育、社会培训中哪一种渠道的学习成果，都可以在国家资历框架里获得评价和认可。目前来看，针对建立和实现中国特色国家资历框架的有效方式有很多思考和探索，比较有影响力的当属国家开放大学建立的覆盖全国的学分银行。

2021 年 12 月，作为北京金融高等职业教育的典型代表，北京财贸职业学院金融管理专业（现为金融服务与管理专业）通过英国国家学历学位评估认证中心（UK ENIC）国际专业标准评估认证，专业资历达到英国规范资格框架（RQF）5 级和欧洲资格框架（EQF）5 级水平，同时获得国际质量标准证书。通过国际评估认证专业的毕业生，可以向英国国家学历学位评估认证中

---

① 张伟远 . 国家资历框架的理论基础和模式建构 [J]. 中国职业技术教育 ,2019(18):28.

心申请认证专业的国际可比性证书，并且得到英国和欧盟国家高校的认可，实现课程学分的认定和转让，方便学生海外留学申请，提高学生的国际流动性。此外，北京财贸职业学院还主动承担了国家资历框架的有关研究项目，努力为建立中国特色的国家资历框架做出应有的贡献。

二、北京金融职业教育主动融入北京学分银行建设体系

北京开放大学作为北京市学分银行管理中心的牵头单位，正在积极推进北京学分银行体系的大力建设，在各区县设立了相应的学分银行管理分中心，并将北京许多高职院校吸收成为学分银行联盟的成员单位。北京市学分银行体系的建设，可以在建设和实现中国特色国家资历框架的过程中发挥重要的先行先试作用。作为学分银行联盟的成员单位，北京市高职院校需要把学生的职业教育学习成果按照学分银行的标准进行认定，并积极探索如何把学生参加职业培训取得的学习成果也能进行相应的认定。在将学习成果纳入学分银行的过程中，将学生在学分银行中已经获得认定、积累的学习成果转换为学校的学分，并以此学习成果部分替代学校的课程是一个大胆的改革党试。如果这个改革尝试能够成功，北京金融高等职业教育就可以大力推广相关做法，引导学生利用各种渠道积极获得各种能纳入学分银行的学习成果，鼓励学生参加金融行业企业组织的各种实践活动。这样的话，不仅能激发学生的学习活力，也能让金融行业企业组织的实践活动更加有育人成效，进一步推动了产教融合、校企合作。

第八节　北京金融高等职业教育发展路径之八：国际合作共享

在普通高等教育领域，我们国家的很多学校大都是欧美发达国家的学习者、模仿者和追赶者。而在高等职业教育领域，我们国家的很多学校在充分吸收欧美发达国家的职业教育经验基础上，结合我国实际，正在走出一条中国特色发展之路，以支撑中国经济的高质量发展。

一、北京金融高等职业教育国际合作共享方向：服务"一带一路"倡议

在我国大力推动"一带一路"发展战略的过程中，工程建筑、电子信息等很多专业都走出了国门，将中国的高等职业教育资源输送到了"一带一路"沿线国家。通过高等职业教育资源的输送，我们不仅帮助当地政府提高了劳动者的职业能力和职业素质，也帮助了中国企业解决了本地化人才短缺的问题。随着中国企业在"一带一路"沿线国家进一步扩大投资，中国的金融企业也要相应地提供配套服务，因而也会面临着本地化人才短缺问题。北京的金融高等职业教育有责任、有能力去大力输出相应的教育资源，服务当地的人才培养，支撑我国金融行业企业在"一带一路"沿线国家的运营和服务。特别是北京财贸职业学院的金融服务与管理专业，在国内积累了很多年的人才培养经验，正好移植到"一带一路"沿线国家的金融人才培养上。

二、北京金融高等职业教育国际合作共享方向：融入国际合作体系

中国作为全球化的大力倡导者和积极推动者，正在以更加开放的姿态主动融入世界，承担起应有的大国担当。中国的高等职业教育立足中国改革开放的伟大实践，正在努力培养大批的技术技能人才、能工巧匠和大国工匠，以务实的行动支撑着中国逐步迈入高质量发展阶段。作为大国首都，北京承载着国际交往中心的重要使命。北京金融高等职业教育一致保持着与欧美发达国家及"一带一路"沿线国家的经常性联系，扮演着从欧美发达国家引入先进经验并消化吸收后再向"一带一路"沿线国家进行输出的中间角色。在这个"双循环"过程中，北京金融高等职业教育可以充分发挥中间人的作用，在发达国家的职业院校和发展中国家的职业院校之间架起一道国际合作的隐形桥梁。

附录 A

金融科技应用专业（职教本科）调研报告

金融科技应用专业（职教本科）专业简介研制组

2021 年 12 月 12 日

一、调研基本情况

根据教职成司《关于启动〈职业教育专业简介〉和〈教学标准〉修（制）订工作有关事项的通知》（教职成司，函〔2021〕34号），全国金融职业教育教学指导委员会（简称金融行指委）组织了金融大类12个中职、高职、职教本科专业的专项调研。此外，根据《教育部关于印发〈职业教育专业目录（2021年）〉的通知》（教职成〔2021〕2号），金融科技应用专业。（原名互联网金融专业），现具体包括高职和职教本科两个办学层次，以下统称为金融科技应用专业。

（一）调研目的

为修（制）订金融科技应用专业简介和教学标准，2021年9~10月，金融科技应用专业（职教本科）专业简介研制组联合组织13名成员，对全国各地的行业协会、金融机构及企业、高职院校及相关专业毕业生进行了深入调研。本次调研为我们全面了解在经济结构转型升级和产业结构调整过程中行业企业对金融科技应用专业的人才需求情况，以及对金融科技应用专业人才的知识、技能和素质要求提供了翔实的第一手资料，为金融科技应用专业简介和教学标准的制定提供了真实可靠的客观依据。

（二）调研对象

本次调研的对象包括金融行业协会4家、金融机构及企业166家、研究机构3家（麦克思、星空书院、BOSS直聘）、高职院校70所和学生899人，覆盖了20个省、直辖市、自治区。

1. 行业企业

工作组共调研行业企业（包括金融行业协会和金融机构及企业）170家。其中行业协会4家：广州市数字金融协会、广州金融人才协会、山东省小额贷款企业协会、济源市保险行业协会；金融机构及企业166家：上海高金金融研究院、中国农业银行股份有限公司河南省分行、中国银行扬州分行、中国光大银行扬州分行、河南济源农村商业银行股份有限公司、中国建设银行股份有限公司济源分行、郑州银行股份有限公司鹤壁分行、杭州银行深圳分行、瑞安湖商村镇银行、浙江泰隆商业银行股份有限公司、河南济源农村商业银行股份有限公司、中国平安财产保险股份有限公司深圳分公司、东方财富信息股份有限公司、光大证券股份有限公司北京东中街营业部、中国中金财富证券有限公司、重庆国际信托、浙江星沃资产管理有限公司、华夏人寿保险股份有限公司、明亚保险经纪公司、众安在线财产保险股份有限公司、京东数字科技集团、深圳华锐金融技术股份有限公司、金鑫科技有限公司、北京字节跳动科技有限公司、北京动力高清科技有限公司、神州数码信息股份有限公司、山东知链信息科技有限公司、广西新纪元信息科技有限公司、大连知行天下网络科技有限公司、大连捷径科技有限公司、西安启迪之星科技孵化器有限公司、山东欧易供应链管理有限公司、西安保利会计咨询有限公司、金电联行（广州）信息技术有限公司、广州金融发展服务中心有限公司等。

2. 学校

工作组共调研开设金融科技应用或互联网金融专业的职业院校 70 所，涉及面涵盖东部、中部和西部地区，包括：北京财贸职业学院、北京经济管理职业学院、江苏财经职业技术学院、北京经贸职业学院、北京农业职业学院、天津城市职业学院、深圳职业技术学院、广东财贸职业学院、广东工贸职业技术学院、广东交通职业技术学院、常州信息职业技术学院、广西工商职业技术学院、广西金融职业技术学院、广西经贸职业技术学院、安徽工商职业学院、安徽商贸职业技术学院、山东经贸职业学院、山东商业职业技术学院、辽宁职业学院、浙江金融职业学院、浙江经贸职业技术学院、浙江农业商贸职业学院、无锡商业职业技术学院、芜湖职业技术学院、扬州工业职业技术学院、河南机电职业学院、郑州财税金融职业学院、河南经贸职业学院、济源职业技术学院、宝鸡职业技术学院、湖北财税职业学院、湖北开放职业学院、湖北科技职业学院、湖南环境生物职业技术学院、湖南长沙南方职业学院、江西经济管理干部学院、荆州职业技术学院、太原旅游职业学院、山西林业职业技术学院、陕西财经职业技术学院、陕西国际商贸学院、陕西邮电职业技术学院、重庆财经职业学院、重庆旅游职业学院、内蒙古商贸职业学院、青海高等职业技术学院等。

3. 学生

工作组共调研毕业生 899 人：2017 届及之前的样本数为 69 个，2018 届样本数为 36 个，2019 届样本数为 70 个，2020 届样本数为 150 个，2021 届样本数为 574 个。

4. 研究机构

麦可思数据（北京）有限公司（简称麦可思公司），2006 年成立于成都，是我国首家高等教育管理数据与咨询的专业公司，是高校、社会大众、用人单位和政府公认的第三方权威性数据机构。麦可思公司每年出版《中国大学生就业报告》（就业蓝皮书），长期为国内高校提供年度数据跟踪与咨询服务，是教育部、人社部、司法部、中国科协、中国社科院、中国机械工程学会、中国民办教育协会高等教育专业委员会、中国职教学会质量保证与评估研究会、世界银行、哈佛大学中国教育论坛等机构的合作单位，是江苏、广东、湖北、河南等十余省级教育主管部门的大学生就业跟踪系统的承建单位。

BOSS 直聘是在全球范围内首创互联网"直聘"模式的在线招聘产品，2014 年 7 月上线，隶属于看准科技集团。该集团旗下运营看准网、BOSS 直聘和店长直聘三个品牌，总服务用户数超过 1 亿，致力于用科技解决职业领域问题。BOSS 直聘产品的核心是"直聊 + 精准匹配"，通过将在线聊天功能引入招聘场景，让应聘者和用人方直接沟通，从而跳过传统的冗长应聘环节，提升沟通效率。同时，BOSS 直聘采用推荐作为产品的技术选型，应用人工智能、大数据等前沿技术，提高雇主与人才的匹配精准度，缩短求职招聘时间，从而提升求职招聘的效率。

（三）调研方式及大体实施情况

工作组采用的调研方式包括问卷调查、实地交流考察、现场查阅资料、网络查阅资料、专家访谈等形式。工作组设计了针对不同调查对象的调查问卷、访谈问卷等，成员分别对行业协会、金融机构及企业、院校、学生等对象开展调研，将调查结果反馈汇总，在分析的基础上撰写金融科技应用专业简介和教学标准调研报告。

二、调研内容

行业协会调研主要是依据国家经济社会发展"十四五"规划、金融科技发展规划及各地发展规划，侧重对金融相关行业协会（学会）工作的调研。基于金融业转型升级、科技创新推动金融数字化服务转型发展等主题对高职金融科技应用专业人才培养的需求情况，分析专业教学标准与行业标准的联动机制。

金融机构及企业调研主要面向金融类机构、企业展开，既包括新兴的金融科技类公司，也包括商业银行、保险公司、证券公司、资产管理公司等传统金融机构。工作组选择金融科技应用专业对口就业的企业，通过在线调研、实地走访的方式获取了一手数据，对金融科技应用专业的人才培养定位、人才培养方式、就业岗位、职业能力要求、职业资格证书等进行了全面解析。

学校调研主要面向全国开设金融科技应用或互联网金融专业的高职院校开展，包括国家双高院校、地方双高院校以及开设金融科技应用或互联网金融专业的其他院校。

毕业生调研主要面向互联网金融专业，涵盖 2017 届及之前、2018 届、2019 届、2020 届、2021 届毕业生，主要通过在线问卷方式进行调研，侧重于就业质量与满意度、人才培养与课程设置等主题。在校生调研主要面向金融科技应用专业或互联网金融专业在校生，包括 2019 级、2020 级以及 2021 级学生，侧重于专业满意度、人才培养与课程设置等主题。

此次调研涉及北京、天津、浙江、河北、广西、江苏、广东、山东、湖南、河南、福建、安徽、湖北、吉林、江西、辽宁、宁夏、山西、陕西、四川、云南、甘肃、内蒙古、重庆、青海、贵州、新疆等地，涵盖了全国大多数地区，所获得的数据能较全面地反映全国不同地区不同类型高职院校的相关情况，具有广泛的代表性。

三、调研结果分析

（一）行业企业调研结果分析

1.金融科技应用专业的企业岗位需求情况

高职金融科技应用专业的就业岗位主要分布在商业银行、证券公司、金融科技公司、保险公司等企业。针对本专业学生，被调研企业主要设置的岗位包括产品销售、产品经理、数据分析员、项目管理、客户经理等岗位。

调查发现，52.84%的企业认为最紧缺的人才为"金融专业＋网络技术基础"的复合型人才，51.42%的企业认为"金融专业＋营销管理"的复合型人才紧缺，45.5%的企业认为"金融专业＋数据分析"的复合型人才紧缺，43.36%的企业认为"金融专业＋软件编程"的复合型人才紧缺，而仅有18.25%和14.22%的企业认为纯金融专业和纯计算机网络、软件技术类专业人才紧缺（见图A-1）。

由此可见，复合型人才需求与岗位正在快速增长，单纯金融类的人才培养已不能满足需求，人才培养过程中需要更加注重金融和数字技术融通应用等方面的技能培养，以满足多样化的企业人才需求。

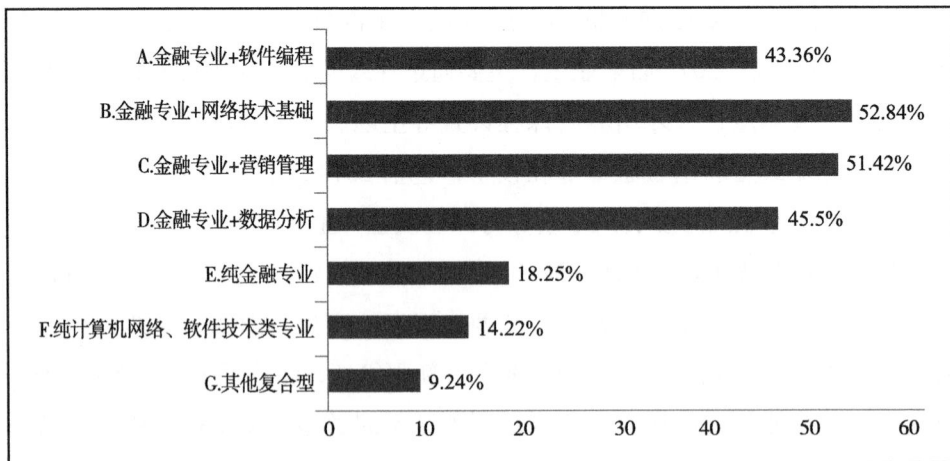

图 A-1　企业岗位需求情况

2.金融科技应用专业的岗位设置

公司招聘金融科技应用专业的学生，从事的工作岗位主要有产品销售、产品经理、数据分析等，其中产品销售岗位占比为56.55%，产品经理占比为57.77%，数据分析岗位占比为55.83%。可见，企业最需要的是熟悉金融产品、具有金融产品营销技能的人才。

随着金融企业数据化转型，数据分析、处理的岗位需求大幅增加，具备数据分析与处理能力的学生具有更强的竞争优势。另外，项目管理、客户服务、系统运营、数据建模、风险控制等岗位也是企业需求较多的岗位（见图A-2）。

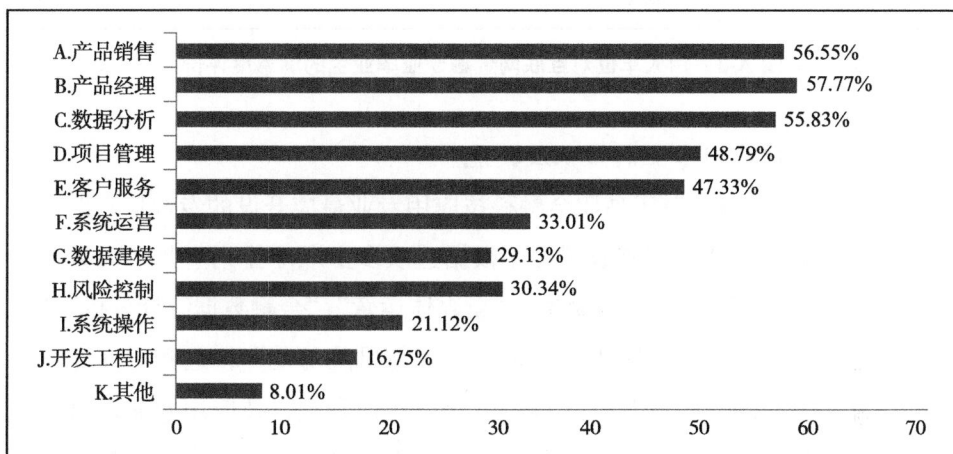

图 A-2　企业岗位设置

3.用人单位对金融科技应用专业毕业生的满意度

从用人单位对金融科技应用专业毕业生的工作评价来看，认为"非常满意""满意"和"比较满意"的占比超出90%，可见金融科技应用专业的人才培养质量得到了用人单位较高的认可（见图A-3）。

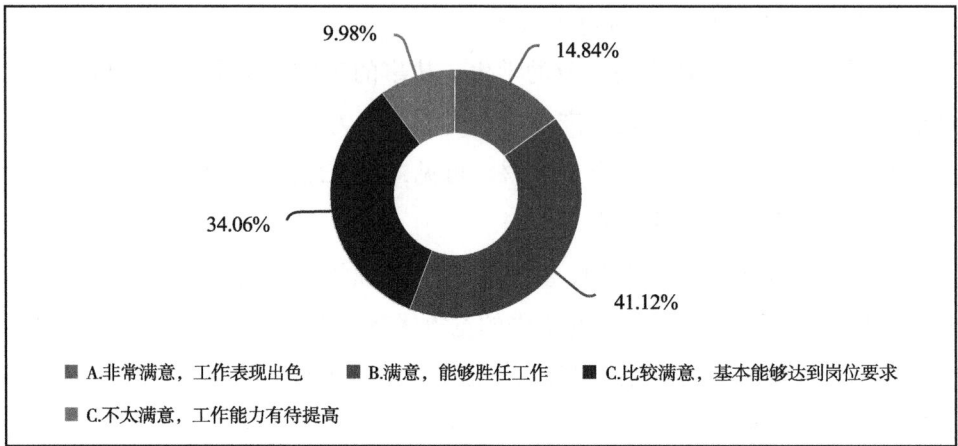

图 A-3　用人单位对互联网金融专业毕业生的满意度评价

4.金融科技应用专业的知识及技能

(1)专业核心课程。对于高职金融科技应用专业最应开设的专业核心课程，被调查单位认为应开设的核心课程（根据选项多少顺序排列）是"大数据金融""金融科技概论""区块链金融""新媒体运营""金融数据统计分析""人工智能应用""数字货币应用""金融法规与风险防范"，这和目前专业人才培养方案中的课程设置基本一致。由此可见，金融科技应用专业现有的课程设置基本符合行业发展需求和对人才的要求，企业对"金融＋科技"的模式比较认可。另外，对于新媒体运营、人工智能应用、区块链金融、数字货币应用的课程需求表明，掌握一定的前沿技术和能力的学生将更有竞争力。因此，在人才培养过程中，适当增加前沿理论与技术学习，有利于学生更加符合企业需求，增强学生的竞争能力（见图 A-4）。

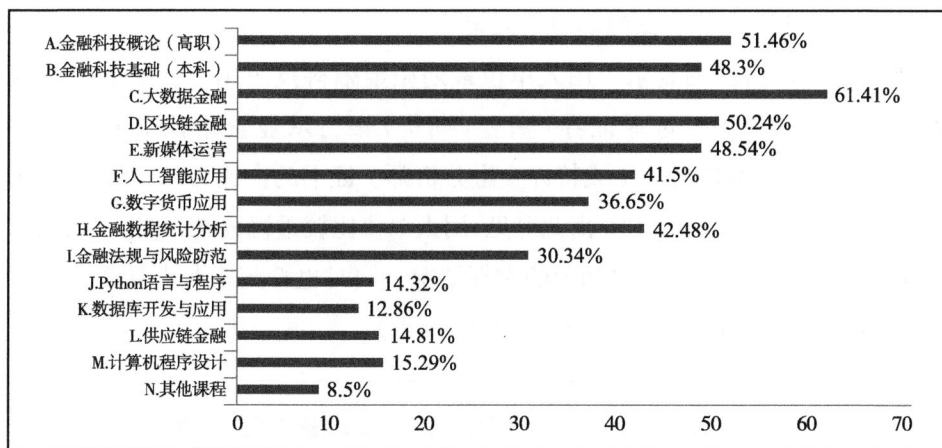

图 A-4 用人单位对开设课程的建议

（2）专业能力要求。在对高职金融科技应用专业毕业生的专业能力的实际期望方面，看重理财规划能力的占比为 57.28%，看重服务与营销能力的占比为 56.31%，看重投资分析能力的占比为 55.83%，看重大数据统计与分析能力的占比为 50.73%，看重金融科技应用能力的占比为 43.69%。由此可见，金融科技应用专业的技能培养目标与企业需求基本一致（见图 A-5）。在课程设置中，必须加强理财规划、金融服务与营销技能、证券投资分析、金融大数据处理与分析相关的实训课程的建设，加强学生相关知识与技能的培养。

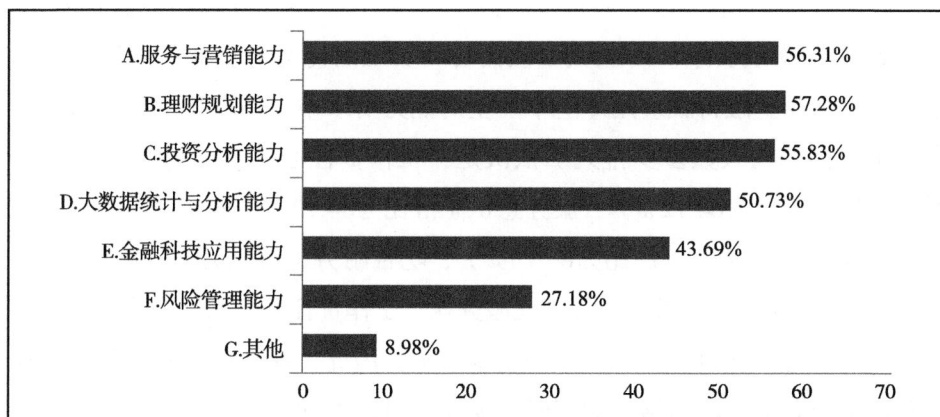

图 A-5 用人单位的专业能力要求

5. 金融科技应用专业的职业素质要求

(1) 职业资格证书要求。用人单位最期望金融科技应用专业毕业生获得的职业资格证书中，选择证券/基金/期货/银行从业资格证书的占比为54.74%，选择金融理财师（或特许金融分析师）证书的占比为52.55%，选择会计类证书的占比为50.61%。由此可见，用人单位比较重视金融相关从业证书，比较关注学生金融从业基本知识的掌握情况，同时也希望毕业生具备一定的金融理财知识和会计相关知识技能（见图A-6）。

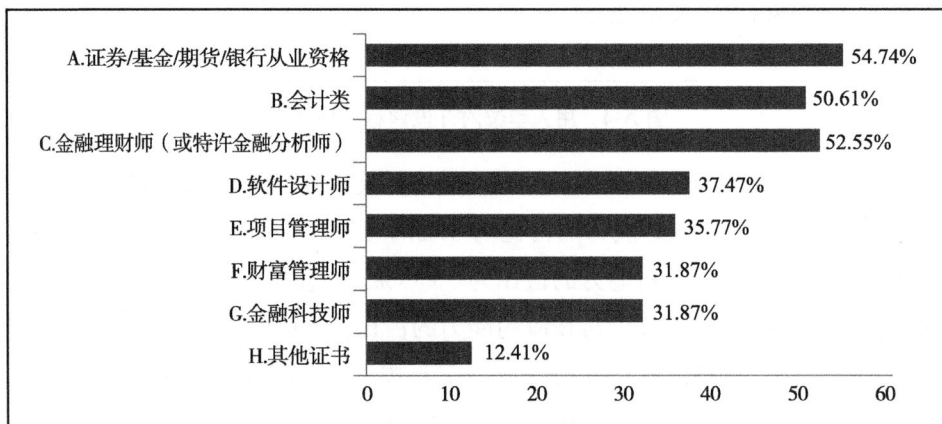

图 A-6　用人单位期待毕业生获取的职业资格证书

(2) 能力素质要求。对用人单位而言，员工的能力与企业的发展紧密相连，在对高职金融科技应用专业毕业生的能力要求中，用人单位看重的能力素质（根据选项人数多少排列）依次是：工作责任心（占比为74.45%）、团队合作（占比为64.72%）、服务意识（占比为64.72）、诚实守信（占比为64.48%）、沟通交流（占比为63.75%）、吃苦耐劳（占比为36.5%）（见图A-7）。可见，从事金融行业等现代服务业，工作责任心、团队合作、服务意识、诚信、沟通交流能力是工作的基本要求。因此，在人才培养过程中，加强专业基础和学习能力培养的同时，需要注重培养学生的工作责任心、团队合作意识等。

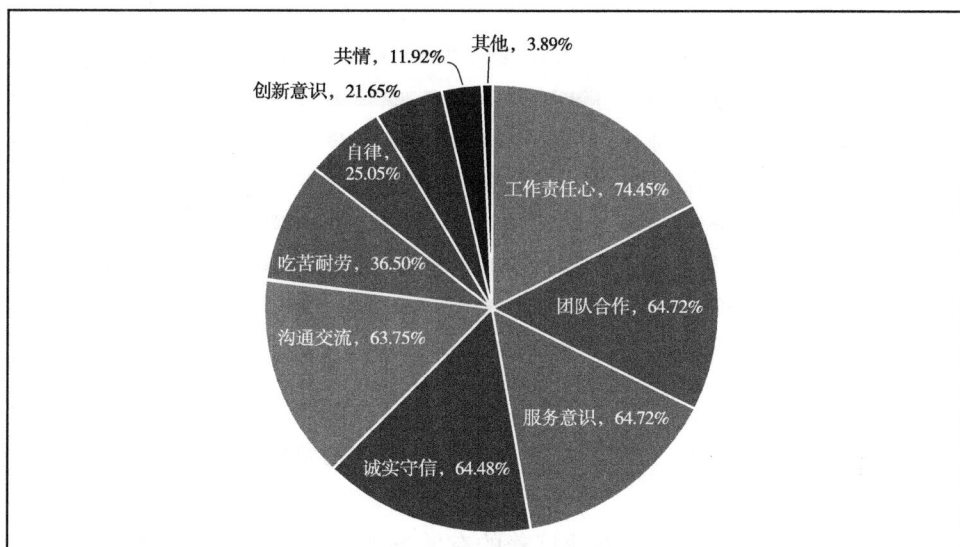

图 A-7　用人单位对能力素质的要求

6. 用人单位对人才培养的意见建议

用人单位对金融科技应用专业学生发展与人才培养方面的建议主要包括以下两方面。

第一，在金融科技应用专业毕业生仍需提高的能力素养方面，64.81% 的用人单位认为，毕业生需要增强团队合作精神；60.19% 的用人单位认为，毕业生需掌握本专业领域最新前沿动态；60.44% 的用人单位，希望毕业生强化技术开发能力；58.01% 的用人单位认为，毕业生有必要加强人际交往能力；56.07% 的用人单位，希望毕业生加强专业技能；49.51% 的用人单位，要求毕业生加强职业素养；41.5% 的用人单位，要求毕业生强化精益求精的工匠精神（见图 A-8）。因此，在人才培养过程中，一方面要进一步加强基于团队合作的实践教学项目开发，让学生在实习实训中培养团队合作意识、服务意识、工匠精神和人际交往能力；另一方面要加强学生对于专业领域前沿知识的学习和专业技能的训练。

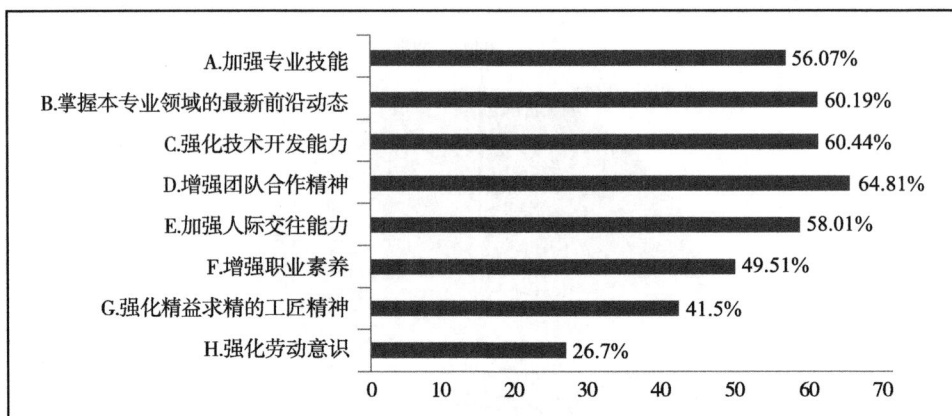

A.加强专业技能 —— 56.07%
B.掌握本专业领域的最新前沿动态 —— 60.19%
C.强化技术开发能力 —— 60.44%
D.增强团队合作精神 —— 64.81%
E.加强人际交往能力 —— 58.01%
F.增强职业素养 —— 49.51%
G.强化精益求精的工匠精神 —— 41.5%
H.强化劳动意识 —— 26.7%

图 A-8　用人单位认为毕业生仍需提高的能力素养

第二，在金融科技应用专业培养的有效方法方面，企业参与人才培养的方式占 63.83%，共建校企合作班的方式占 55.58%，设立订单班、短期培训班的方式占 52.43%，开展现代学徒制的方式占 49.03%，开展"1+X"证书试点的方式占 48.54%，校企共建实习实训基地的方式占 48.3%（见图 A-9）。因此，人才培养需要把学生培养目标与企业现实需要相结合，让企业专家走进课堂，讲授银行、保险等业务实例。让学生走进企业，增加实践经验，相互促进，实现双赢，让学生毕业走向工作岗位后能够较快地胜任工作。另外，积极鼓励学校教师到企业参加调研和实践，熟悉企业业务和要求。针对企业员工相关理论和数据需求问题，教师可以结合自身专业技能，解决企业金融数据分析、金融客户画像等现实问题，并进一步培养学生相关技能，促进企业效益增长，加强教师自身的实践教学能力，促进学生相关知识的学习与技能的培养。

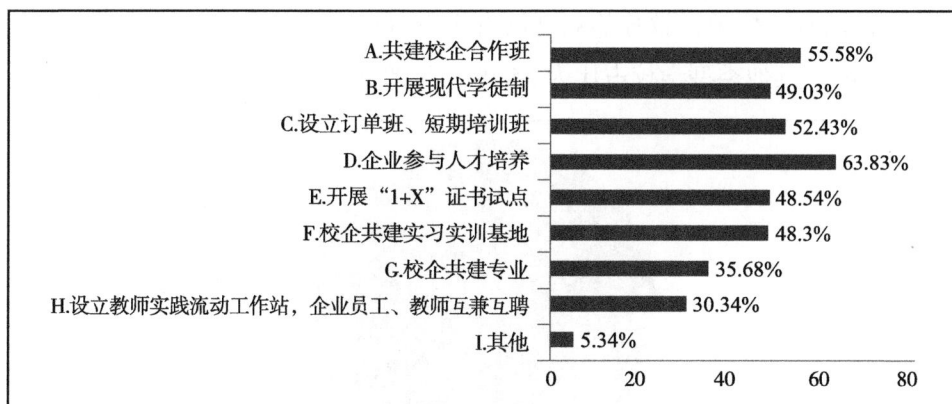

图 A-9　培养优秀金融科技人才的方法

（二）院校调研结果分析

1.金融科技应用专业的区域布局情况

本次调研的院校有 70 家，这些院校分布于全国 20 个省、自治区和直辖市。其中广东省最多，共有 10 家，占比为 14.29%；其次是河南省、湖北省，分别有 7 家；江苏省有 6 家（见图 A-10）。

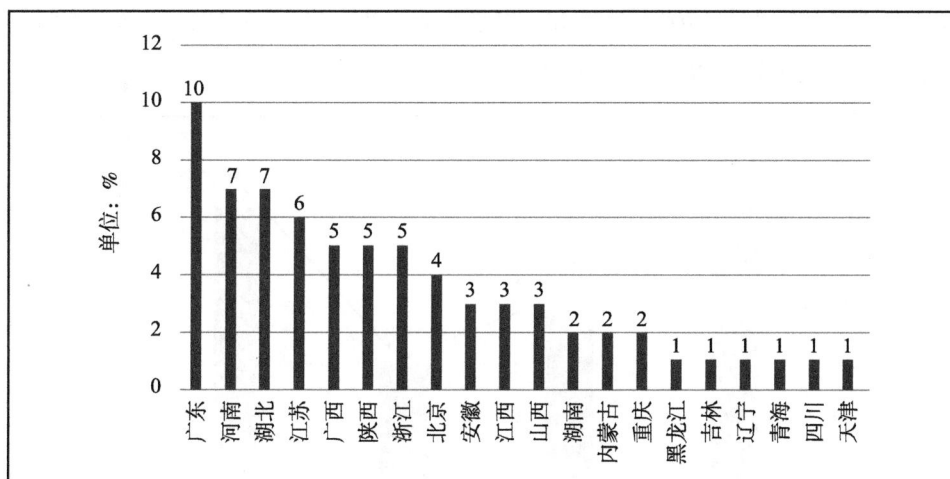

图 A-10　调研院校分布情况

在被调研院校中，教育部双高校占比为20%，地方双高校（优质校）占比为24.3%，其他类型学校占比为55.7%（见图A-11）。

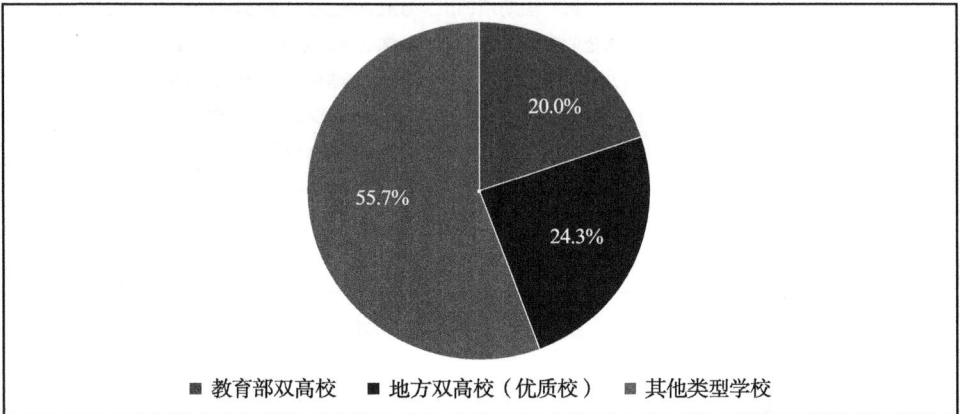

图 A-11　被调研院校性质

2. 金融科技应用专业的招生情况

在被调研院校中，21所高职院校在2016年以前就开始招收金融科技应用专业的学生，15所在2017年开始招收该专业学生，10所在2018年开始招收该专业学生，24所在2019年开始招收该专业学生，11所在2021年没有招生。目前招生院校占比为84.29%（见图A-12）。

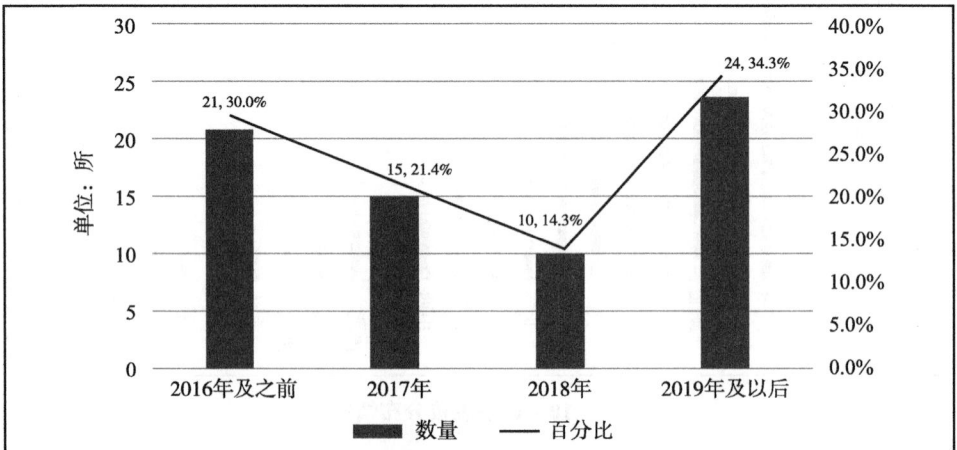

图 A-12　被调研院校金融科技应用专业招生情况

近三年（2019年、2020年、2021年）的招生数据显示，高职院校的金融科技应用专业招生人数逐年递增。2020年单所院校年均招生人数较2019年增长了11.59%，2021年增长趋势减缓，比2020年增长了2.60%。其中，大部分院校是全国招生的，这些院校一共有36家，占比为51.43%（见图A-13）。

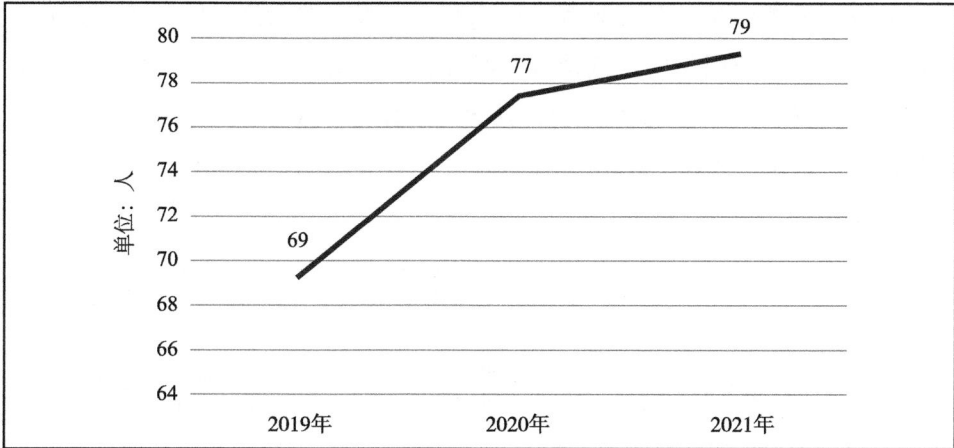

图A-13 2019—2021年高职院校金融科技应用专业年均招生数量

3. 金融科技应用专业建设情况

被调研院校的金融科技应用专业属于国家高水平特色专业群专业、国家骨干专业的有2家，占比为2.9%；属于省级高水平专业群专业、省级特色专业的有8家，占比为11.4%；属于校级重点专业的有20家，占比为28.6%；其他有40家，占比为57.1%（见图A-14）。

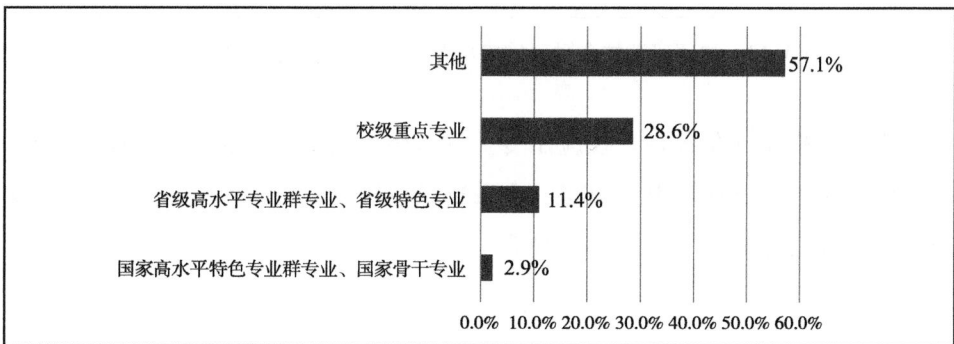

图A-14 被调研院校金融科技应用专业层次

4.金融科技应用专业的人才培养情况

被调研院校金融科技应用专业的人才培养所面向的岗位根据前期调研情况分析，主要是系统运营等运营类岗位，客户经理、产品销售等销售类岗位，数据分析、数据建模、开发工程师等研发类岗位，产品经理、项目管理、风险控制等产品类岗位，客户服务、尽职调查等服务类岗位，以及传统金融类岗位。在这六大类岗位中，选择客户经理、产品销售等销售类岗位为主要培养方向的院校最多，有65所院校；其次是选择客户服务、尽职调查等服务类岗位，有55所院校；第三是选择产品经理、项目管理、风险控制等产品类岗位，有48所院校（见图A-15）。

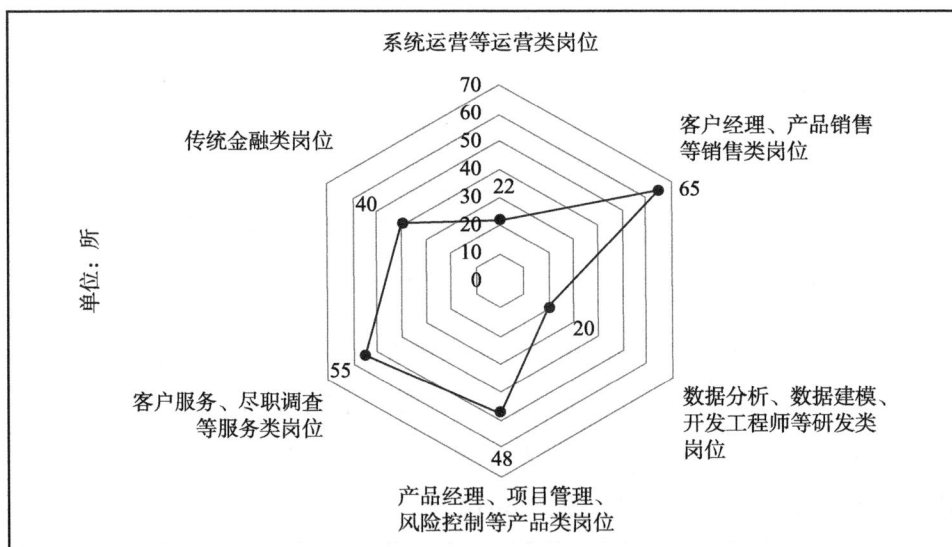

图 A-15　被调研院校金融科技应用专业人才培养主要面向的岗位

被调研的院校在金融科技应用专业课程体系的设置方面，金融基础知识占50%、的底层技术知识占20%、金融场景应用技能占30%的院校最多，有26所，占比为37.1%（见图A-16）。

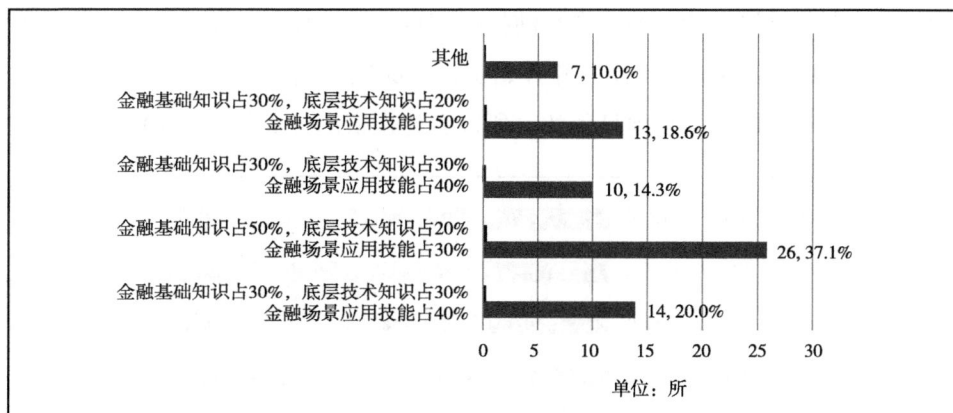

图 A-16　被调研院校金融科技应用专业课程体系设置

我们通过调研发现，很多院校的金融科技应用专业的师资队伍构成主要是以下两种形式：由原专业教师团队改良、在原团队基础之上增加金融科技方向师资配备（见图 A-17）。

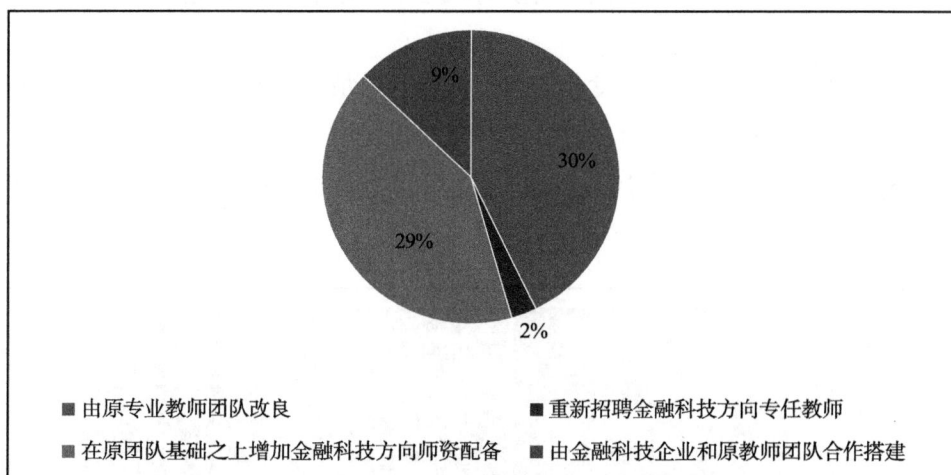

- ■ 由原专业教师团队改良
- ■ 重新招聘金融科技方向专任教师
- ■ 在原团队基础之上增加金融科技方向师资配备
- ■ 由金融科技企业和原教师团队合作搭建

图 A-17　被调研院校设金融科技相关课程的师资队伍构成

我们通过调研发现，金融科技应用专业的职业技能证书中，大部分院校认为最重要的是证券从业资格证书，其次是基金从业资格证书，第三是"1+X"

区块链系统应用与设计证书。在目前推广"1+X"证书的形势下，大部分院校
展开了"1+X"证书试点工作，并开始实行"课证"融通。当然，原有的金融
行业资格证书也是从业必须具备的，所以占比也很高（见图 A-18）。

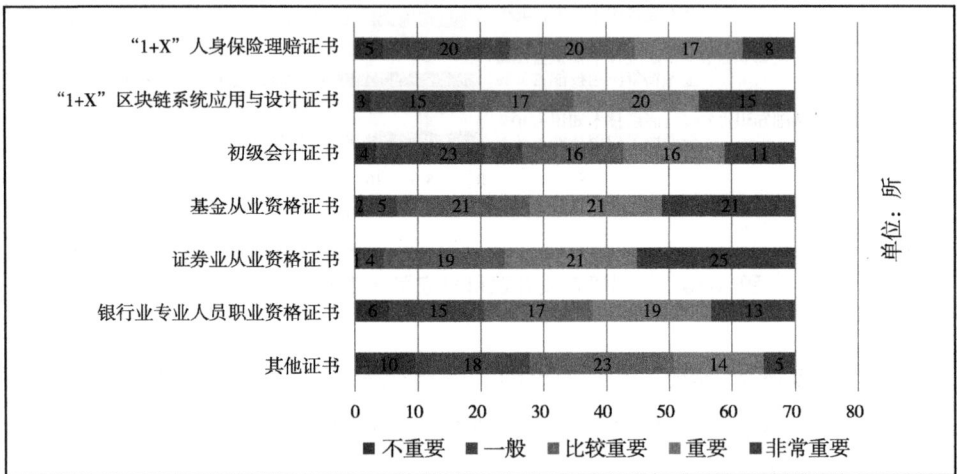

图 A-18　被调研院校金融科技应用专业职业技能证书重要性程度

　　根据调研金融科技应用专业的核心课程开设情况，我们主要的调研对象
是高职院校，它们开设的最主要的课程是金融科技概论、大数据金融、金融
数据统计分析、金融法规与风险防范，排在后面的是区块链金融及其他课程（见
图 A-19）。

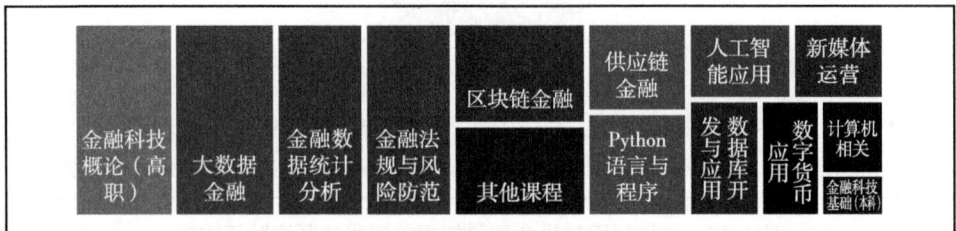

图 A-19　被调研院校金融科技应用专业的核心课程

对于调研院校的金融科技应用专业的就业率，因为有 31.4% 的院校还没有毕业生，所以按大部分院校目前的就业率来看，金融科技应用专业就业率很高，一半以上院校超过 90%（见图 A–20）。

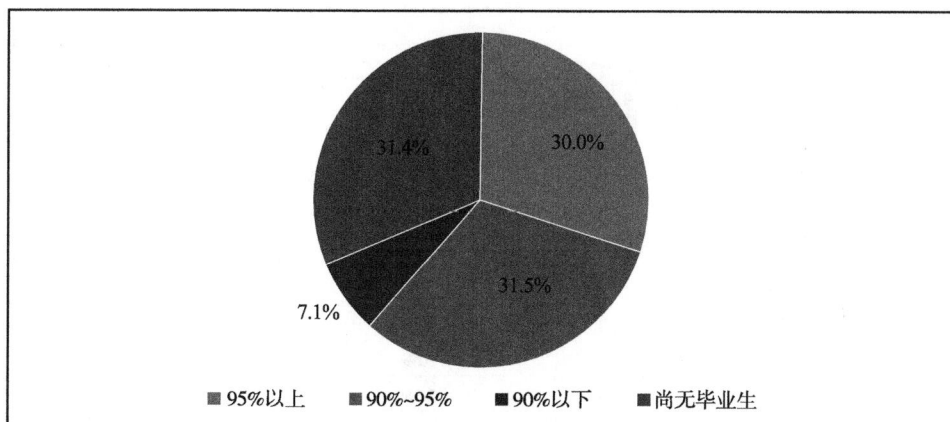

图 A-20　被调研院校金融科技应用专业的就业率

再来看专业对口率，去掉尚未就业的，金融科技应用专业的专业对口率也有 24.4% 的院校在 50%～70%（见图 A–21）。

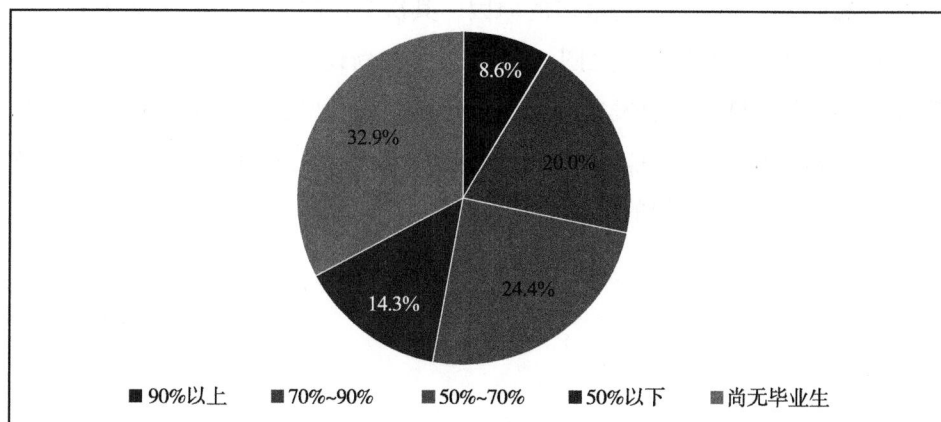

图 A-21　被调研院校金融科技应用专业的专业对口率

从被调研院校的金融科技应用专业教学标准执行率来看，90% 以上执行率的院校达到了 40 家，占比为 57.14%；达到 80% 以上的有 55 家，占比为 78.57%。专业教学标准是一个普适性的标准，根据目前的情况来看，运行一段时间后，大部分院校是能够完成专业教学标准要求的（见图 A-22）。

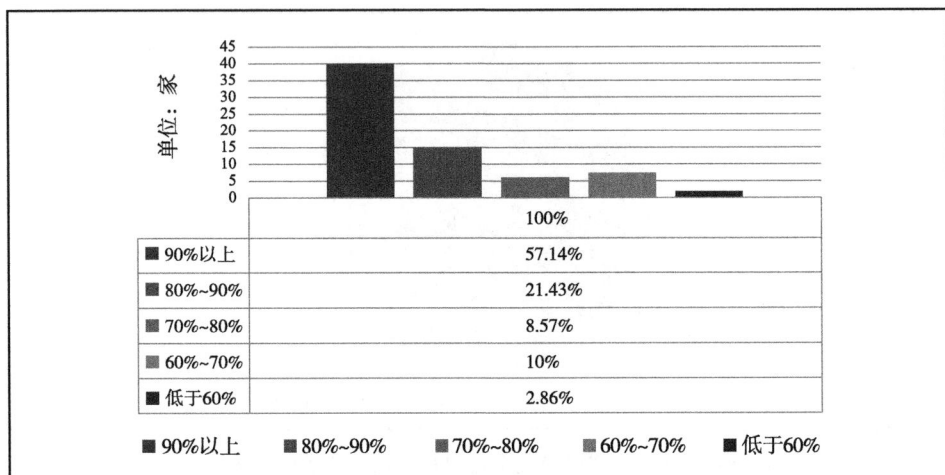

图 A-22　被调研院校金融科技应用专业教学标准执行率

　　根据被调研院校在建设金融科技应用专业中总结的建设困难，我们发现"缺乏深度的校企合作"是最多的原因，其次是"缺少必要的实训场地"，第三是"缺少教学团队"（见图 A-23）。这与新设专业建设时间短是很有关联的。目前金融科技行业发展还处于起步阶段，一些新兴金融科技企业还没有参与到院校合作中来，能运用到教学中的比较成熟的实训项目也比较少，教学团队更是需要一段时间的储备。

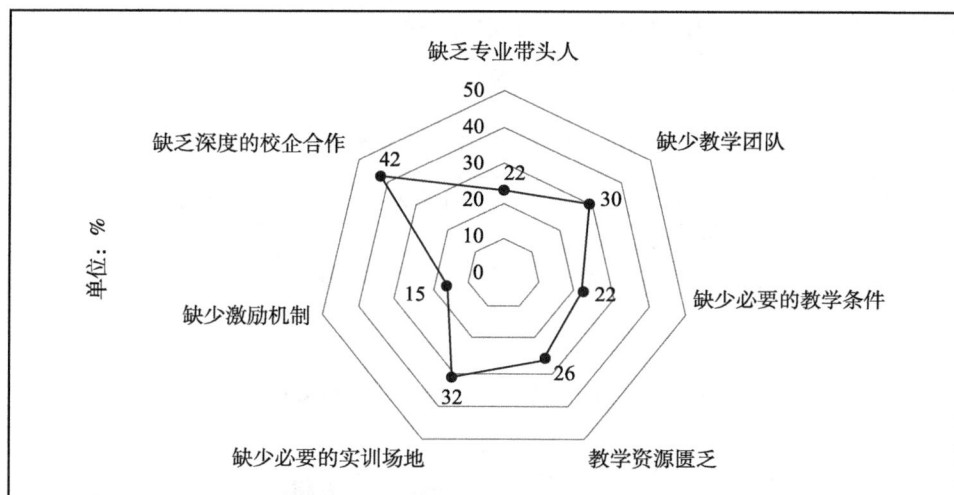

图 A-23　被调研院校金融科技应用专业建设困难的原因

（三）毕业生调研结果分析

本次调研中收回的金融科技专业毕业生的有效调查问卷共 899 份。其中：男性 364 人，占比为 40.49%；女性 535 人，占比为 59.51%。调查对象的毕业年份主要集中在 2020 年及以后：2020 年毕业的有 150 人，占比为 16.69%；2021 年毕业的有 574 人，占比为 63.85%；合计占比为 80.54%（见表 A–1）。

表 A-1　毕业生毕业年份分布情况

毕业年份	小计（人）	比例
A.2017年及以前	69	7.68%
B.2018年	36	4%
C.2019年	70	7.79%
D.2020年	150	16.69%
E.2021年	574	63.85%
本题有效填写人次	899	100%

调查对象的毕业学校主要分布在我国西部、中部和东部地区，其中：西

部地区 388 人，占比为 43.16%；中部地区 266 人，占比为 29.59%；东部地区 235 人，占比为 26.14%；合计占比为 98.89%（见表 A-2）。

表 A-2 毕业生毕业学校分布情况

地区	小计（人）	比例
A.东部（北京、天津、河北、上海、江苏、浙江、福建、山东、广东、海南）	235	26.14%
B.西部（内蒙古、广西、重庆、四川、贵州、云南、西藏、陕西、甘肃、青海、宁夏、新疆）	388	43.16%
C.中部（山西、安徽、江西、河南、湖北、湖南）	266	29.59%
D.东北部（黑龙江、吉林、辽宁）	10	1.11%
本题有效填写人次	899	100%

1.金融科技应用专业毕业生就业情况

（1）工作状态。被调研对象的工作地点主要集中在城市市区。其中：在一线城市市区工作的有 261 人，占比为 29.03%；在二三线城市市区工作的有 344 人，占比为 38.26%；合计有 605 人，占比为 67.29%。此外，在城市郊区、中小城镇、农村地区工作的人数合计有 294 人，占比为 32.71%（见表 A-3）。

表 A-3 毕业生工作地点分布情况

工作地点	小计（人）	比例
A.一线城市市区	261	29.03%
B.一线城市郊区	65	7.23%
C.二三线城市市区	344	38.26%
D.二三线城市郊区	85	9.45%
E.中小城镇	106	11.79%
F.农村地区	38	4.23%
本题有效填写人次	899	100%

被调研对象中，大部分毕业后至今没有换过工作。具体而言：毕业后没有换过工作的有538人，占比为59.84%；换过1次工作的有174人，占比为19.35%；换过2次工作的有115人，占比为12.79%；换过3次及以上的有72人，占比为8.01%（见表A-4）。但是，结合前述的被调查对象的毕业年份主要集中在2021年（574人，63.85%），毕业后工作时间较短，所以尚不能对工作的稳定性高低做出确切判断。

表A-4　毕业生工作更换情况

工作更换次数	小计（人）	比例
A.没有	538	59.84%
B.有，1次	174	19.35%
C.有，2次	115	12.79%
D.有，3次以上	72	8.01%
本题有效填写人次	899	100%

（2）就业行业分布。被调研对象的工作行业可分为金融行业、金融科技行业和与金融不相关的行业三类，在金融行业工作的居多。具体而言：在金融行业工作的有481人，占比为46.49%，其中在商业银行工作的毕业生最多（169人，18.8%）；在与金融不相关的行业工作的有333人，占比为37.04%；在金融科技行业工作的有85人，占比为9.45%（见表A-5）。

表A-5　毕业生工作行业分布情况

工作行业	小计（人）	比例
A.商业银行	169	18.8%
B.证券公司	71	7.9%
C.保险公司（含保险中介）	57	6.34%
D.基金公司（含私募）	13	1.45%
E.农村信用合作社（含村镇银行）	28	3.11%
F.金融科技公司	85	9.45%

工作行业	小计（人）	比例
G.投资咨询公司	18	2%
H.融资租赁公司	14	1.56%
I.金融服务外包企业	22	2.45%
J.小额信贷公司	7	0.78%
K.消费金融公司	10	1.11%
L.理财公司	13	1.45%
M.资产管理公司	8	0.89%
N.期货公司	3	0.33%
O.财务公司	48	5.34%
P.金融不相关行业	333	37.04%
本题有效填写人次	899	100%

（3）就业岗位分布。被调研对象目前所在的工作岗位，可分为金融、行政、科技、财务、管理和其他六大类。占比第一位的金融类岗包括一线业务操作岗（179人，19.91%）、营销岗（89人，9.9%）、理财经理岗（63人，7.01%）、投资顾问岗（34人，3.78%），合计365人，占比40.6%；占比第二位的是其他类岗（364人，40.49%）；其余依次为财务会计岗、基层管理岗、科技类岗、行政内勤岗，占比分别为7.79%、5.56%、2.89%、2.67%（见表A-6）。

表 A-6　毕业生工作岗位分布情况

岗位	小计（人）	比例
A.金融相关机构的一线业务操作岗（如柜员、大堂经理、话务员等）	179	19.91%
B.营销岗（如客户经理、销售员、经纪人等）	89	9.9%
C.理财经理岗	63	7.01%
D.投资顾问岗	34	3.78%

岗位	小计（人）	比例
E.行政内勤岗（如前台接待等）	24	2.67%
F.科技类岗（如数据分析、产品研发等）	26	2.89%
G.会计财务岗	70	7.79%
H.基层管理岗	50	5.56%
I.其他类岗	364	40.49%
本题有效填写人次	899	100%

（4）金融科技应用专业毕业生的专业相关性情况。被调研对象认为工作与所学专业的相关性可分为相关、不相关两大类，大部分毕业生从事与专业相关的工作。其中，相关的对应选项可分为非常相关、比较相关、基本相关，占比分别为17.35%、22.36%、22.14%，合计61.85%；不相关分为不太相关和很不相关，占比分别为20.91%、17.24%，合计38.15%，该结果与前述毕业生从事与金融不相关行业工作的数据（37.04%）基本吻合（见表A–7）。

表 A-7　毕业生工作与专业相关性情况

相关性	小计（人）	比例
A.非常相关	156	17.35%
B.比较相关	201	22.36%
C.基本相关	199	22.14%
D.不太相关	188	20.91%
E.很不相关	155	17.24%
本题有效填写人次	899	100%

2.金融科技应用专业毕业生的就业质量

（1）金融科技应用专业毕业生的工作满意度。被调研对象的工作满意度可分为满意、不满意两大类，大部分毕业生对其所从事的工作表示满意。其中，满意的对应选项可分为非常满意、比较满意、基本满意，占比分别为

14.35%、25.36%、20.58%，合计 60.29%；不满意分为不太满意和不满意，占比分别为 28.7%、11.01%，合计 39.71%（见表 A–8）。

表 A-8　毕业生工作满意度情况

满意度	小计（人）	比例
A.非常满意	129	14.35%
B.比较满意	228	25.36%
C.满意	185	20.58%
D.不太满意	258	28.7%
E.不满意	99	11.01%
本题有效填写人次	899	100%

（2）金融科技应用专业毕业生的平均月收入。被调研对象的平均月收入以 5000 元以下为主。其中，3000 元以下的有 294 人，占比为 32.7%，3001～5000 元的有 317 人，占比为 35.26%，合计占比为 67.96%；5001～8000 元、8001～12000 元、12000 元以上占比分别为 17.8%、7.23%、7.01%（见表 A–9）。

表 A-9　毕业生平均月收入分布情况

月收入	小计（人）	比例
A.3000 元以下	294	32.7%
B.3001～5000 元	317	35.26%
C.5001～8000 元	160	17.8%
D.8001～12000 元	65	7.23%
E.12000 元以上	63	7.01%
本题有效填写人次	899	100%

（3）金融科技应用专业毕业生的职业发展满意度。被调研对象的职业发展满意度可分为满意、不满意两大类，大部分毕业生对职业发展表示满意。其中，满意对应选项分为满意和比较满意，占比分别为 38.38%、38.82%，合计

77.2%；不满意分为不太满意和很不满意，占比分别为 17.02%、5.78%，合计 22.8%（见表 A-10）。

表 A-10　毕业生职业发展满意度情况

满意度	小计（人）	比例
A.满意	345	38.38%
B.比较满意	349	38.82%
C.不太满意	153	17.02%
D.很不满意	52	5.78%
本题有效填写人次	899	

具体来看，被调研对象对职业发展不满意的原因依次为收入低（40.97%）、与自己兴趣不一致（34.3%）、与专业不对口（31.59%）、劳动强度大（29.78%）、工作环境氛围差（15.52%）等（见表 A-11）。

表 A-11　毕业生对职业发展不满意的原因

原因	小计（人）	比例
A.收入低	227	40.97%
B.劳动强度大	165	29.78%
C.与专业不对口	175	31.59%
D.与自己兴趣不一致	190	34.3%
E.工作环境氛围差	86	15.52%
F.其他	194	35.02%
本题有效填写人次	554	100%

3. 金融科技应用专业毕业生对本专业的人才培养模式的满意度

（1）总体满意度。被调研对象大部分对本专业的人才培养模式总体表示满意。其中，满意对应选项可分为非常满意、比较满意、基本满意，占比分别为 21.02%、30.37%、32.59%，合计 83.98%；不满意分为不太满意和不满意，占比分别为 10.79%、5.23%，合计 16.02%（见表 A-12）。

表 A-12　毕业生对本专业的人才培养模式的总体满意度情况

满意度	小计（人）	比例
A.非常满意	189	21.02%
B.比较满意	273	30.37%
C.满意	293	32.59%
D.不太满意	97	10.79%
E.不满意	47	5.23%
本题有效填写人次	899	100%

（2）专业课程对人才培养需要的满足情况。被调研对象大部分认为目前专业课程能满足人才培养的需要。其中，认为能满足的对应选项可分为完全满足、比较满足、基本满足，占比分别为 16.24%、28.7%、30.7%，合计 75.64%；认为不能满足的占比为 16.13%；认为属于其他情况的占比 8.23%（见表 A-13）。

表 A-13　专业课程对人才培养需要的满足情况

满足情况	小计（人）	比例
A.完全满足	146	16.24%
B.比较满足	258	28.7%
C.基本满足	276	30.7%
D.不能满足	145	16.13%
E.其他情况	74	8.23%
本题有效填写人次	899	100%

（3）专业课程的重要程度。调研结果显示，金融科技应用（原互联网金融）专业毕业生认为，对工作和后续学习最重要的课程依次为：大数据金融（64.63%）、金融科技概论（59.07%）、新媒体运营（50.61%）、区块链金

融（44.38%）、金融科技基础（42.27%）、人工智能应用（39.71%）、金融数据统计分析（38.82%）、数字货币应用（31.03%）、计算机程序设计（25.92%）、金融法规与风险防范（25.36%）等（见表A-14）。

表 A-14　专业课程重要程度分布情况

最重要专业课程	小计（人）	比例
A.金融科技概论（高职）	531	59.07%
B.金融科技基础（本科）	380	42.27%
C.大数据金融	581	64.63%
D.区块链金融	399	44.38%
E.新媒体运营	455	50.61%
F.人工智能应用	357	39.71%
G.数字货币应用	279	31.03%
H.金融数据统计分析	349	38.82%
I.金融法规与风险防范	228	25.36%
J.Python语言与程序	158	17.58%
K.数据库开发与应用	127	14.13%
L.供应链金融	107	11.9%
M.计算机程序设计	233	25.92%
N.其他	69	7.68%
本题有效填写人次	899	100%

（4）教学满意度。本调研从教学内容、教师专业能力、教师敬业程度、教学方式多样性、教学考核方式、实验实训教学、教学条件等7个方面对教学满意度进行评价，分值越大表示满意度越高。

结果显示：满意度评价平均分为3.72分。高于平均分的有三项：教师专业能力（3.82分）、教师敬业程度（3.82分）和教学方式多样性（3.74分）。其中，满意度最高的为教师专业能力和教师敬业程度。低于平均分的有四项：

教学内容（3.68分）、教学考核方式（3.7分）、实验实训教学（3.67分）、教学条件（3.66分）。其中，满意度最低的为教学条件（见表A–15）。

表 A-15 毕业生教学满意度情况

题目\选项	不满意	不太满意	满意	比较满意	非常满意	平均分
A.教学内容	33人（3.67%）	60人（6.67%）	328人（36.48%）	217人（24.14%）	261人（29.03%）	3.68
B.教师专业能力	27人（3%）	38人（4.23%）	311人（34.59%）	221人（24.58%）	302人（33.59%）	3.82
C.教师敬业程度	29人（3.23%）	33人（3.67%）	320人（35.6%）	210人（23.36%）	307人（34.15%）	3.82
D.教学方式多样性	30人（3.34%）	40人（4.45%）	337人（37.49%）	222人（24.69%）	270人（30.03%）	3.74
E.教学考核方式	32人（3.56%）	50人（5.56%）	342人（38.04%）	211人（23.47%）	264人（29.37%）	3.7
F.实验实训教学	33人（3.67%）	67人（7.45%）	330人（36.71%）	206人（22.91%）	263人（29.25%）	3.67
G.教学条件	35人（3.89%）	61人（6.79%）	339人（37.71%）	207人（23.03%）	257人（28.59%）	3.66
小计	219人（3.48%）	349人（5.55%）	2307人（36.66%）	1494人（23.74%）	1924人（30.57%）	3.72

被调研对象认为专业教学中最应该改进的地方，依次为实习和实践环节不够（55.62%）、学生参与度有待提高（44.05%）、学生兴趣不足（42.49%）、课程内容有待补充和更新（40.16%）、教学方式方法有待改善（31.03%）等（见表A–16）。其中，对教师专业能力提出改进要求的占比最低（14.46%），与前述教学满意度调查中评分最高的为教师专业能力（3.82分）和教师敬业程度（3.82分）这一结果相吻合。

表 A-16　毕业生认为专业教学中最应改进的地方

待改进项	小计（人）	比例
A.课程内容有待补充和更新	361	40.16%
B.课程考核方式不合理	329	36.6%
C.实习和实践环节不够	500	55.62%
D.学生参与有待提高	396	44.05%
E.学生兴趣不足	382	42.49%
F.教学方式方法有待改善	279	31.03%
G.教师专业能力差	130	14.46%
H.无	222	24.69%
本题有效填写人次	899	100%

（5）专业技能的重要程度。被调研对象认为在工作中最重要的专业技能依次为投资分析能力（63.85%）、理财规划能力（62.74%）、大数据统计与分析能力（61.18%）、服务营销能力（54.62%）（见表 A-17）。

表 A-17　专业技能重要程度分布情况

最重要的专业技能	小计（人）	比例
A.服务营销能力	491	54.62%
B.理财规划能力	564	62.74%
C.投资分析能力	574	63.85%
D.大数据统计与分析能力	550	61.18%
E.金融科技应用能力	396	44.05%
F.风险管理能力	303	33.7%
G.其他	78	8.68%
本题有效填写人次	899	100%

（6）综合素质的重要程度。被调研对象认为在工作及职业发展中最重要的

综合素质依次为工作责任心（77.09%）、团队合作（71.75%）、诚实守信（71.19%）、沟通交流（69.86%）、服务意识（61.74%）（见表 A-18）。

表 A-18　综合素质重要程度分布情况

最重要的综合素质	小计（人）	比例
A.诚实守信	640	71.19%
B.工作责任心	693	77.09%
C.服务意识	555	61.74%
D.沟通交流	628	69.86%
E.团队合作	645	71.75%
F.吃苦耐劳	273	30.37%
G.自律	208	23.14%
H.共情	87	9.68%
I.创新意识	170	18.91%
J.其他	38	4.23%
本题有效填写人次	899	100%

（四）国内研究评价机构与国外调研结果分析

1. 国内研究评价机构调研结果分析

在 BOSS 直聘研究院发布《2021 高校应届生专业就业竞争力报告》中，根据各专业毕业生的平均起薪、未来 3 年薪资与职级成长、简历受雇主认可程度等维度建模，用多维度模型对各专业的就业竞争力进行了计算。指数基准值为 100，代表该学历水平下，该专业应届生就业竞争力的均值，指数越高，说明该专业应届生的综合就业竞争力越强，并由此得出专业就业竞争力"30 强"。虽然金融科技应用专业在全部专科专业中未进入"30 强"，但在本科专业就业竞争力排名中高居第四位，竞争力指数为 208.3，且平均起薪为 10547 元，在全部本科专业中位列第一。同时，互联网金融专业在本科专业就业竞争力排名中居第十六位，竞争力指数为 176.8。上述结果显示，具有数字技术和金融专业知识的复合型人才需求紧缺。

2.发达国家的金融科技类专业建设情况分析

与国内课程体系目标明确、重点突出的特点不同，国外课程体系具有内容丰富、选择灵活的特点。国外金融科技应用专业的课程设置，主要分为必修课（compulsory courses）和选修课（elective courses）两大类，学生遵循一定选课规则自由选择，在规定时间内完成两类课程总学分的学习并通过考试即可。

必修课包括基础课程与核心课程两类。基础课程包括金融领域 R 的应用（applications in R for finance）、商业估值（business valuation）、数据库（databases）、市场和证券（markets and securities）、Python 等。核心课程包括资产配置和系统交易策略（asset allocation and systematic trading strategies）、金融大数据Ⅰ（big data in finance Ⅰ）、金融大数据Ⅱ（big data in finance Ⅱ）、金融计量经济学中 R/Python 的应用（financial econometrics in R/Python）、投资和投资组合管理（investments and portfolio management）。选修课包括应用交易策略（applied trading strategies）、高级期权理论（advanced options theory）、计算金融与 C++（computational finance with C++）、公司金融管理与战略（corporate financial management and strategy）等。

随着信息化和互联网化在金融领域的不断加深，金融机构的管理与运行、金融产品的研发与营销、投融资者的分析与决策、管理部门的政策制订与监管方式都在不断发生变化，金融科技应用相关专业的教学内容需要与行业情况紧密联系并实时更新，因此在部分课程中会设置项目或案例分析环节，并开设介绍相关领域前沿理论及发展动态的课程。

3.金融科技应用专业的国际认证情况分析

金融科技应用专业相关的国际认证目前主要有注册金融科技管理师（certifiedfinancial technology manager，CFTM）、CFT 金融科技证书（certificate in finance and technology）等。

CFTM 的管理机构是国际金融管理学会（International Society for Financial

Management，ISFM），该学会服务于全球 5000 多家金融机构及资产管理机构，覆盖 100 多个国家和地区。ISFM 将 CFTM 认证引入我国并本土化，采用中文考试，合格成绩为总分的 60%，中文考试合格所获证书的含金量与国外英文版考试相同。CFTM 的知识体系主要由技术、应用、监管三大部分组成。考试的内容包括：区块链、大数据技术、人工智能、云计算技术这些金融科技在财富管理、保险、银行的应用，互联网支付、网络借贷、基于大数据的互联网信用管理、金融科技监管等。

CFT 的管理机构是亚洲金融科技师学会（Institute of Financial Technologists of Asia，IFTA）。该学会的目标为维护亚洲金融科技的专业标准，推动金融科技教育，以及为从事金融服务行业的技术专业人员提供培训考试服务及资格认证。IFTA 与英国有关方面签订了合作协议，将英美的考试制度引入亚洲。CFT 课程设有三个级别 (Level 1–3)，共 18 个科目，金融知识与科技知识并重，覆盖了大数据、区块链、网络安全等，采取线上学习，线上考试的方式。

四、调研结论及对策建议

（一）调研结论

1. 金融科技应用的高层次技术技能人才需求量大

近年来，随着数字经济加速发展，大数据、云计算、区块链、人工智能等技术促使传统金融机构主动采用新技术，积极向智能化转型，产生了大量与金融科技应用直接相关的岗位需求。金融科技公司等新兴机构的大规模增长，也产生了大量与金融科技应用直接相关的岗位需求。无论是金融机构，还是金融科技公司，都急需更多从事金融科技应用的高层次技术技能人才。这类人才应当具备系统的金融科技理论知识和较高的综合素质，熟练掌握某一金融科技专长并能够适应金融科技发展的快速迭代。

2. 金融科技应用的高层次专业人才紧缺

高职金融科技应用专业人才主要任职于商业银行、证券公司、保险公司、金融科技公司、消费金融公司等金融机构。根据企业访谈数据显示，随着金融与科技的深度融合，以及金融机构的数字化转型发展，金融机构对数字货币运营、金融科技应用平台系统运维、金融产品设计与研发、金融科技风险控制、区块链工程技术、金融大数据分析以及与供应链金融相关的岗位需求无法得到快速满足。

3. 金融科技应用专业的本科学生竞争力强

BOSS直聘研究院发布的《2021高校应届生专业就业竞争力报告》显示，金融科技本科专业的就业竞争力排名高居第四位，且平均起薪为10547元，在全部本科专业中位列第一；互联网金融本科专业的就业竞争力排名居第十六位，竞争力指数为176.8；上述结果显示具有数字技术和金融专业知识的复合型人才相对竞争力强。

4. 金融科技应用专业亟须提升人才培养规格

目前金融科技应用专业毕业生主要就业岗位依次是客户经理、产品销售等销售类岗位，客户服务、尽职调查等服务类岗位，产品经理、项目管理、风险控制等产品类岗位，系统运营等运营类岗位，数据分析、数据建模、开发工程师等研发类岗位。

从院校调研数据上看，被调研院校的人才培养方向首先是客户经理、产品销售等销售类岗位，其次是客户服务、尽职调查等服务类岗位，再次是产品经理、项目管理、风险控制等产品类岗位。而数字货币服务运营管理岗、金融大数据建模岗、区块链金融技术岗、供应链金融岗等新兴岗位的人才培养规模相对不足。

5. 金融科技应用专业亟须提升实践教学条件

金融科技应用专业的毕业生认为，专业教学中最应该改进的地方，依次为实习实践环节不够、学生参与度有待提高、学生兴趣不足、课程内容有待补充和更新、教学方式方法有待改善等。毕业生建议加强专业领域前沿知识的学习和金融科技的专业技能训练。

6. 金融机构参与职业教育的热情较高

被调研金融机构均表达了积极参与职业教育的意愿，愿意从参与人才培养、共建校企合作班、设立订单班、设立短期培训班、开展现代学徒制、开展"1+X

证书"试点、校企共建实习实训基地等多个方面参与人才培养。

（二）对策建议

1. 立足"中高本"衔接，分层明确金融科技应用专业的人才培养目标

金融科技应用专业培养的是能够践行社会主义核心价值观，德、智、体、美、劳全面发展，具有一定的科学文化水平；具备良好的诚信、合作、敬业、创新创业基本素养和精益求精的工匠精神；具备沟通能力，表达能力，团队协作能力，分析解决问题的能力，金融科技营销和运营管理能力，对金融科技业态和产品进行分析与实践应用的能力，金融科技平台信息安全、技术运维、产品营销、创业等能力；具备较强的就业创业能力和可持续发展的能力的专业人才。其中，职业本科培养从事金融科技应用领域的金融科技系统运维、金融科技应用产品设计、金融科技应用风险控制等工作的毕业生。

2. 比肩应用型本科，统筹规划金融科技应用专业的人才培养规格

对标应用型本科学校培养规格，培养金融科技应用专业学生掌握支撑未来学习和可持续发展必备的思想道德修养、数学、英语、应用文写作等文化基础知识，具有良好的科学素养与人文素养，具备职业生涯规划能力，熟悉我国金融政策法规、金融风险与监管规则，具备金融科技所需要的信息技术与统计分析基础知识，掌握大数据、云计算、区块链、物联网等新技术在金融真实场景下的各种具体应用技巧。

3. 以金融科技应用职业标准为核心，构建理实结合的课程体系

围绕培养金融科技应用能力这一核心目标，动态适应新金融业态的变化与金融科技的快速迭代，构建理实结合的课程体系。基于金融和信息技术融合的趋势，将金融专业课程和信息技术课程进行融合设计；根据金融科技应用不同的技术特征，分类设计金融科技应用的专业课程；基于未来金融科技发展的变化趋势，设计支持技术迭代的拓展课程。

4. 以金融科技应用能力为培养重点，强化金融科技实践教学

针对调研中发现的金融科技应用专业原有实践教学条件较为薄弱的情况，构建一套完整的实践教学体系，采用专项技能训练、综合实务演练、岗位实

践的"阶梯式"培养模式，搭建相应的校内实践教学场所，开拓校外岗位实训基地，强化金融科技实践教学，采用实训项目模块化可组合的方式，培养学生掌握不同的金融科技专长。

5.校企双向互动，探索深度产教融合育人新模式

金融科技应用专业需要把学生培养目标与企业现实需要相结合，推动金融科技行业专家走进课堂，讲授金融科技应用的具体案例；助力学生走进金融机构，增加金融科技应用实践经验，畅通产教融合渠道，实现学校和金融机构直通，降低金融机构的用人成本。

此外，推动学校教师到金融机构开展现场调研和亲身实践，让教师熟悉金融科技应用的具体业务，发现金融科技应用的具体问题，针对相关理论和现实问题，结合自身专业特长，开展深入研究，助力金融机构解决现实难题，并提高自身服务社会和实践教学的能力，从而提高金融科技人才的培养质量。

附录 B

北京高职院校金融专业建设调查问卷

尊敬的金融专业带头人：

您好！为了做好"北京金融职业教育与金融业发展适应性研究"，提高北京市高职金融人才培养与区域发展需要的契合度，特向您发出本问卷，了解相关情况。问卷调查结果将作为向有关机构提供决策建议的重要依据，希望您能在百忙之中抽出几分钟完成此问卷，衷心感谢您的支持和配合！

注：带"*"号的为必答题。

1. 学校名称（请填全称）：[填空题]*

_____

2. 学校性质 [单选题]*

○ 国家双高校

○ 地方双高校（优质校）

○ 其他

3. 是否建设专业群，若是请填写名称和级别（国家级、市级校级、其他）[单选题]*

○ 是 _____*

○ 否

4. 金融专业师资情况 [矩阵文本题] *

教师数量	
双师型教师数数量	
博士数量	
教授数量	
副教授数量	

5. 金融科技应用（原互联网金融）专业近 6 年招生人数 [矩阵文本题]

2016 年	
2017 年	
2018 年	
2019 年	
2020 年	
2021 年	

6. 金融服务与管理（原金融管理）专业近 6 年招生人数 [矩阵文本题]

2016 年	
2017 年	
2018 年	
2019 年	
2020 年	
2021 年	

7. 证券实务（原证券与期货、金融与证券）专业近 6 年招生人数 [矩阵文本题]

2016年	_____
2017年	_____
2018年	_____
2019年	_____
2020年	_____
2021年	_____

8. 国际金融专业近 6 年招生人数 [矩阵文本题]

2016年	_____
2017年	_____
2018年	_____
2019年	_____
2020年	_____
2021年	_____

9. 财富管理（原投资与理财）专业近 6 年招生人数 [矩阵文本题]

2016 年	————————————
2017 年	————————————
2018 年	————————————
2019 年	————————————
2020 年	————————————
2021 年	————————————

10. 信用管理专业近 6 年招生人数 [矩阵文本题]

2016 年	————————————
2017 年	————————————
2018 年	————————————
2019 年	————————————
2020 年	————————————
2021 年	————————————

11. 保险实务专业近 6 年招生人数 [矩阵文本题]

2016年	_____
2017年	_____
2018年	_____
2019年	_____
2020年	_____
2021年	_____

12. 贵校金融专业的招生生源情况是：[单选题] *

○ 全国

○ 区域

○ 省内

13. 贵校金融专业的人才培养主要面向哪些岗位根据国标修改，可多选：[多选题] *

□ 客户经理、金融投资咨询、产品销售顾问类岗位

□ 金融数据采集、数据分析等研发类岗位

□ 产品经理、项目管理、风险控制等产品类岗位

□ 尽职调查等服务类岗位

□ 后台运营等运营类岗位

□ 其他 _____

14. 您认为对本专业学生而言，下列职业技能证书的重要程度是：[矩阵量表题] *

	不重要	一般	比较重要	重要	非常重要
银行业专业人员职业资格证书	○	○	○	○	○
证券业从业资格证书	○	○	○	○	○
基金从业资格证书	○	○	○	○	○
初级会计证书	○	○	○	○	○
"1+X" 证书	○	○	○	○	○
其他证书	○	○	○	○	○

15. 若选择其他证书，请填写证书名称：[填空题]

_____

16. 贵校金融专业的就业率是：[单选题] *

○ A.95%以上

○ B.90%~95%

○ C.90%以下

○ D.尚无毕业生

17. 贵校金融专业的对口就业率是：[单选题] *

○ 90%以上

○ 70%~90%

○ 50%~70%

○ 50%以下

○ 尚无毕业生

18. 贵校金融专业建设中遇到的困难有 (最多选 3 项)：[多选题] *

☐ 缺乏专业带头人

☐ 缺少教学团队

☐ 缺少必要的教学条件

☐ 教学资源匮乏

☐ 缺少必要的实训场地

☐ 缺少激励机制

☐ 缺乏深度的校企合作

19. 专业建设情况 [矩阵单选题] *

	是	否
岗课赛证融入人才培养过程	○	○
金融专业群教学资源库（国家级）	○	○
金融专业群教学资源库（北京市级）	○	○
金融专业群教学资源库（校级）	○	○
精品在线课程建设情况（国家级）	○	○
精品在线课程建设情况（北京市级）	○	○
精品在线课程建设情况（校级）	○	○
三教改革（教师）	○	○
三教改革（教材）	○	○
三教改革（教法）	○	○
教学成果（国家级）	○	○
教学成果（北京市级）	○	○
已开设数字化转型技能课程	○	○
已实施产教融合	○	○
开展校内实训基地建设	○	○
开展校外实训基地建设	○	○
开展国际合作海外办学	○	○
加入国际联盟	○	○
开展国际合作办学	○	○
开展国际交流	○	○

20. 您对以下各项专业建设取得成效的评价 [矩阵量表题] *

	很不满意	不满意	一般	满意	很满意
学生考取行业协会从业资格证书情况	○	○	○	○	○
实施的"1+X"证书情况	○	○	○	○	○
专业大赛（国赛、市赛）	○	○	○	○	○
互联网＋创新创业大赛实施情况	○	○	○	○	○
挑战杯	○	○	○	○	○
就业情况	○	○	○	○	○

21. 社会服务评价 [矩阵量表题] *

	很不满意	不满意	一般	满意	很满意
携手助力脱贫攻坚	○	○	○	○	○
维护首都安全稳定	○	○	○	○	○
满足高品质民生需求	○	○	○	○	○
服务四个中心建设	○	○	○	○	○

22. 专业发展瓶颈和亟待解决的问题 [矩阵文本题]

瓶颈 ＿＿＿＿＿＿＿＿＿＿＿＿＿＿＿＿＿

问题 ＿＿＿＿＿＿＿＿＿＿＿＿＿＿＿＿＿

23. 谢谢您的作答，请填写您的电话： [填空题]

＿＿＿＿＿＿＿＿＿＿＿＿＿＿＿＿＿

参 考 文 献

[1] 中国（深圳）综合开发研究院课题组 . 中国金融中心指数报告（第八期）
    [M]. 北京 : 中国经济出版社 ,2016.

[2] 北京市金融工作局等 . 关于首都金融科技创新发展的指导意见 [S],2018.10.

[3] 中关村管委会等 . 北京促进金融科技发展规划（2018—2022）[S].2018.3.

[4] 普华永道 . 中国保险中介行业发展趋势白皮书 [EB/OL].[2022–05–24].
    https://www.ivcc.org.cn/report/deta:l/id/10729.

[5] 清华大学法学院金融与法律研究中心 . 中国信托业发展报告（2020）[M].
    北京 : 中国经济出版社 ,2020.

[6] 清华大学法学院金融与法律研究中心 . 中国信托业发展报告（2021）[M].
    北京 : 中国经济出版社 ,2021.

[7] 中航信托股份有限公司 . 信托行业创新发展年度报告（2019—2020）[EB/
    OL].[2022–05–28].https://baijiahao.baidu.com/s?id=1705885727605162682&w
    fr=spider&for=pc.2021.07.

[8] 中国信托业协会 . 信托公司信托文化建设 [EB/OL].[2022–05–29].https://
    baijiahao.baidu.com/s?id=1704427805665019642&wfr=spider&for=pc2021.07.

[9] 中国对外贸易信托经济有限公司 . 金融科技时代背景下的信托业转型与发
    展 [EB/OL].[2022–05–29].https://baijiahao.baidu.com/s?id=170715666052743
    2870&wfr=spider&for=pc2021.08.

[10] 迈尔 – 舍恩伯格 , 库克耶 . 大数据时代 [M]. 杭州 : 浙江人民出版社 ,2013.

[11] 刘平 , 高一兰 . 实用金融科技教程 : 从互联网金融到科技金融 [M]. 北京 :
     中国金融出版社 ,2020.

[12] 杨涛 , 贲圣林 . 中国金融科技运行报告（2021）[M]. 北京 : 社会科学文

献出版社 ,2021.

[13] 贾慧聪 , 潘东华 , 王静爱 , 等 . 自然灾害适应性研究进展 [J]. 灾害学 ,2014,29(04):122–128.

[14] 全国人民代表大会常务委员会 . 中华人民共和国职业教育法 (2022 年修订) [EB/OL].[2022–06–07].http://www.moe.gov.cn/jyb_sjzl/sjzl_zcfg/zcfg_jyfl/202204/ t20220421_620064.html.

[15] 胡俊琴 . "三性" 视角下现代职业教育体系构建 : 以宁波为例 [J]. 职教通讯 ,2014(16):9–13.

[16] 王俊杰 , 李嘉莉 , 陆康英 . 基于 Cite Space 职业教育适应性研究进展与趋势可视化分析 [J]. 广东职业技术育与研究 ,2021(06):77–82.

[17] 钟贞山 , 赵晓芳 . 面向 2035 中国职业教育体系现代化的逻辑起点与内涵实现 [J]. 中国职业技术教育 ,2021(30):19–26.

[18] 韦卫 , 姚娟 , 任胜洪 . 增强职业教育适应性的价值分析、理论基础与推进路径 [J]. 中国职业技术教育 ,2021(22):34.

[19] 李志军 , 易小邑 , 李丽能 . "增强职业教育适应性" 的历史话语流变与当代提升路径 [J]. 教育与职业 ,2022(8):29.

[20] 潘海生 , 林晓雯 . 新发展格局下职业教育的适应性发展 [J]. 职业技术教育 ,2021(42):15.

[21] 李洪渠 , 石俊华 , 陶济东 . 协调共生 : 增强职业技术教育适应性的认知维度与价值指向 [J]. 中国职业技术教育 ,2021(13):26–33.

[22] 赵新华 . 建党百年我国高等职业教育培养目标的变迁历程与未来特征 [J]. 教育与职业 ,2021(16):21–27.

[23] 徐丽 . 高等职业教育评价中的逻辑嬗变与实践进路 [J]. 中国职业技术教育 ,2021(16):70–74.

[24] 李万青 , 汪麟 , 黄春 , 等 . 我们要为学生办什么样的职业教育 : 以学生为中心的职业教育观重构与职业教育供给侧改革 [J]. 职教发展研究 ,2021(02):41–51.

[25] 马树超,郭文富.坚持学历教育与职业培训并举推动新时代职业教育改革[J].中国职业技术教育,2019(7):13-18.

[26] 姜大源.论高职扩招给职业教育带来的大变局与新占位[J].中国职业技术教育,2019(10):5-11.

[27] 德西,弗拉斯特.内在动机:自主掌控人生的力量[M].王正林,译.北京:机械工业出版社,2020.

[28] 赵惠莉,顾栋梁.高等职业教育由管理向治理变迁的发展历程与内在逻辑[J].职教论坛,2021(37):2.

[29] 哈尔弗森.教育大变局:技术时代重新思考教育[M].2版.陈家刚,译.上海:华东师范大学出版社,2020.

[30] 姜大源.跨界、整合和重构:职业教育作为类型教育的三大特征[J].中国职业技术教育,2019(07):29-30.

[31] 格拉德威尔.异类:不一样的成功启示录[M].3版.苗飞,译.北京:中信出版集团,2020.

[32] 张弛.百年变局与十字路口:2021年中国品牌发展扫描与前瞻[J].国际品牌观察,2021(30):20-25.

[33] 券商中国.银行员工及其薪酬情况[EB/OL].[2022-06-01].https://finance.sina.com.cn/stock/zqgd/2022-04-03/doc-imcwiwss9753895.shtml?cref=cj.

[34] 教育部等四部门.深化新时代职业教育"双师型"教师队伍建设改革实施方案[S].2019.

[35] 张伟远.国家资历框架的理论基础和模式构建[J].中国职业技术教育,2019(18):28.

[36] 李海峰.智慧银行[M].北京:中国经济出版社,2016.

[37] 刘勇,李达.开放银行:服务无界与未来银行[M].北京:中信出版集团,2019.

[38] 何大勇等.银行转型2025[M].北京:中信出版集团,2017.

[39] 张晓朴,姚勇.未来智能银行:金融科技与银行新生态[M].北京:中信出版集团,2018.

[40] 斯科特.颠覆银行 [M].何正云，张晓雷，译.北京：中信出版集团,2016.

[41] 韩友诚.互联网时代的银行转型 [M].北京：企业管理出版社,2017.

[42] 姚文平.互联网金融 [M].北京：中信出版社,2014.

[43] 李劲松，刘勇.智能投顾：开启财富管理新时代 [M].北京：机械工业出版社,2018.

[44] 黄毅，王一鸣.金融科技研究与评估 2018:全球系统重要性银行金融科技指数 [M].北京：中国发展出版社,2019.